# 평생 남의 일만 할 거야?

**제일기획에서 크레마까지, 손동진 대표의 창업스토리**

# 평생 남의 일만 할 거야?

초판 1쇄 인쇄 2013년 4월 15일
초판 1쇄 발행 2013년 4월 30일

지은이 손동진
펴낸이 임영욱 / 전익균

기획 (주)텐아시아
이사 임상직
편집장 이호영
편집 (주)아이웰콘텐츠
표지디자인 쓰임이퍼브
유통문의 새빛북스 전화 02)408-1997 팩스 02)404-1997

인쇄 및 제본 (주)형제인쇄그룹

펴낸곳 새빛
주소 서울시 중구 초동 42번지 아시아미디어타워 503호
전화 02)2200-4310 팩스 02)2200-4311
이메일 svedu@daum.net 홈페이지 www.bookclass.co.kr
등록번호 제301-2013-038호 등록일자 2013. 2. 12

값 9,000원

ISBN 978-89-969980-1-3 (10320)

# 평생
# 남의 일만
# 할 거야 ?

손동진 지음

도서출판 새빛
SAEVIT

# Contents

**?**

# Part 1
## 제일기획에서 크레마까지

# 출동

부은 얼굴, 새빨간 눈으로 부랴부랴 자동차의 시동을 켠다. 전날 켜 놓은 시트의 열선에서 느껴지는 온기가 아직도 식지 않은 걸 느낀다. 집에 들어와 자리에 누운 후 얼마나 시간이 지났는지 짐작이 된다. 새벽까지 프레젠테이션 자료를 매만지느라 두 시간 남짓 잤나 보다. 아니, 잤다 라기 보다는 잠시 기절했다라는 표현이 맞을 지도 모르겠다. 오늘처럼 이른 아침 보고를 맨 정신으로 참석하기엔 나의 기상시간은 너무나 불규칙적이다. 아침 7시에 자명종 시계에 맞춰서 일어난다는 것은 일년에 한두 번 발생하는 일이기 때문이다. 출정하는 적토마에 올라탄 기분으로 시동 키를 돌린다. 콘솔 박스에 비치되어 있는 충혈 방지용 안

약과 입술 보호용 립스틱을 바른 후, 차를 몰아 사무실로 향한다. 그리고 같이 밤을 새고 준비한 후배들을 픽업한다. 사무실은 집에서 차량으로 5분 거리에 있다. 집에 못 들어가는 날이 많다 보니 아예 숙박 해결용으로 사무실 근처에 잡아 놓은 오피스텔이다. 후배 녀석들은 최선을 다해 시간을 맞춰 도착해 있었던 것으로 보인다. 하지만 도로 상황을 보니 한 십 분은 더 빨리 출발했어야 했다는 생각에 아뜩해진다. 문득 피식 웃음이 난다. 한 녀석은 급히 감은 머리에 드라이질 할 시간도 없이, 금방이라도 물이 뚝뚝 흘러내릴 것 같았다. 또 한 녀석은 가뜩이나 흰 얼굴이 창백했고, 큰 눈이 충혈되어 묘한 느낌마저 감돈다. 참고로 이들은 둘 다 20대 숙녀다. 어쨌든 오늘도 어김 없이 비상등을 켠다. 나는 아마 이 직업을 관두면 억대 연봉을 올리는 119 구조대의 특급 운전기사나, 수천 명의 단골을 거느린 총알택시 운전 기사로 대성하지 않을까 싶다.

부슬부슬 비가 내리는 10월의 아침, 우리는 프레젠테이션 장소로 '출동' 했다. 마치 비밀 작전에 나가는 에이전트 요원들처럼, 맞춰 입은 것 마냥 검은 색 정장과 원피스 차림으로 차에서 내렸다. 앞으로는 전날 무슨 색의 옷을 입을 것인지 물어보기라도 해야 할 판이다. 주차장 좁은 팔레트에 단 한 치의 오차도 없이 한 번에 주차를 한다. 미리 염두에 둔 각본 대로, 프레젠테이션이 열릴 미팅룸까지 막힘 없이 직행한다. 오늘따라 엘리베이터 '빨'도 잘 받는다. 회의실에 도착해서 가져온 장비들을 능숙하게 설치한다. 마지막으로, 미리 입수한 미팅룸 내의 동선과 청중의 수가 예상대로 들어맞은 것을 보며 스스로 감탄해 한다.

우리는 준비한 것의 99%를 발휘하여 프레젠테이션을 마쳤다. 모자란 1%는 급하게 나오느라 미처 챙기지 못한 제안서 CD였다. 나중에 또 실수하지 않도록 수첩에 기록했다. 예정된 시간을 1분도 오버하지 않고, 기분 좋게 프레젠테이션을 끝낸 후 홀가분한 마음으로 근처 백반 집으로 직행했다. 아침에 문을 여는 식당이 거의 없기 때문에 미리 봐 놓은 곳이었다. 우리는 역시 디테일한 시뮬레이션에 강하다. 김치찌개 3인분을 시키고, 소주 한 병을 시켰다. 매번 느끼는 것이지만, 노동 후에 먹는 김치찌개와 소주 한 잔, 그리고 얼얼한 여운과 함께 들이키는 담배 한 모금은 일상의 청량제다. 그러면서 생각한다. 밤샘은 거짓말을 하지 않을 것이다. 만약 거짓말을 한다면 그것은 '운'

이 따라주지 못 한 것이라며 위안을 삼는다.

　오후에 잡혀 있는 일정을 소화하기 위해, 옷을 갈아 입으려 잠깐 집에 들렀다. 갑자기 졸음이 몰려와 10분만 눈을 감고 있기로 한다. 등을 땅에 대고 누워 간만에 고른 숨을 쉬어본다. 문득 예전 생각이 났다. 한 때는 6시에 일어나서 7시에 맞춰 출근버스에 몸을 실은 적이 있었다. 무려 7년 동안이나… 1980년 이후 세대는 상상도 못하겠지만, 토요일에도 출근을 해야 했다. 집 앞에서 길게 줄을 서서 속칭 '콩나물 시루' 버스를 타고, 엉금엉금 기어서 버스에서 내린 다음, 지하철로 두 번을 갈아타고, 내려서 또 10분을 걸어야 도착하는 직장이었다. 시간을 때워 줄 스마트폰이 없었던 시절, 용케 구한 신문이라도 읽으려 치면 옆 사람들의 따가운 눈총 세례를 받아야 했다. 왜 전 세계의 모든 직장은 꼭·8시 혹은 9시에 일과를 시작해야 하나 하는 유치한 질문을 매일 되뇌었었던 것 같다. 활기찬 발걸음은커녕, 나와 비슷한 복장을 한 수많은 모르는 사람들과 스킨십을 나누면서 녹초로 출발하는 하루였다. 일년 365일 매번 지나 다니는 길이라도 간판 하나를 제대로 외우지 못한다. 조금만 더 여유 있게 보면 같은 길이라도 항

상 다른 모습을 발견할 수 있음에도 불구하고 말이다. 저
만치 회사의 메인 로비를 향해 꾸역꾸역 들어가는 사람들
이 보인다. 내성적인 성격은 아니지만, 혼자 걸어 다니기
좋아하고, 이것 저것 길거리에서 기웃거리며 시간을 지체
하기 좋아하는 나였다. 아침을 여는 상인들의 표정, 전날
밤의 정황을 상상할 수 있게 하는 다양한 증거들, 그리고
무표정 속에 감춰진 사람들의 옷차림, 어제만 해도 없었던
도로 변의 플래카드 등등. 출근길의 걸음을 지금보다 반만
늦춘다면 볼 수 있는 것들이 얼마나 많을까 생각해본다.
그것은 내가 다니던 전 직장에서 7년간 되풀이된 일이다.
지금 생각하면 어떻게 그런 생활을 지치지 않고 지속했을
까 싶다.

> **"안정이란 시냇물에 떠내려가는
> 죽은 물고기와 같다."**
>
> 헨리 포드(포드 창업자)

일부러 지루한 삶을 살기를 원하는 사람은 없을 것이다. 하지만, 살다 보니 그렇게 흘러가고 있다고 말하는 사람들을 종종 본다. 나도 예외는 아니었다. 대학 시절까지 내 삶은 특별한 일이 없었다. 학창시절 내 꿈은 공무원이었다. 공공연하게 그렇게 말하고 다녔다. 더 구체적으로 말하면 일반적인 공무원은 아니다. 공무원 중에서도 국가의 안보를 위한다는 명분 하에 다채로운 경험과 모험을 즐길 수 있는 직업 - '시큐리티 에이전트'(국가 안보요원)이다. 소위 영화에 나오는 첩보원같은 존재가 선망의 대상이었던 것이다. 에이전트는 삶이 곧 일이고, 일이 곧 삶이 되는 재미있고 특별한 직종임에 틀림 없다고 믿었다. 염불보단 잿

밥이 관심이 있었으니, 당연히 꿈에 대한 믿음도 금방 깨졌다.

힘들게 필기 시험을 통과하고 면접 기회를 얻었다. 소위 '고위공직자' 라는, 이름만으로도 위압감 느끼는 분과 재미 없는 면접을 하면서 꿈을 접었다. 국가관, 충직함, 희생정신 같은 것은 적성에도 안 맞고, 관심도 없다는 것도 깨닫게 되었다. 그리고 그 무렵, 공무원 말고도 에이전트를 할 수 있는 일이 있다는 것도 알게 되었다. 바로 광고 에이전시이다. 그리고 십여 년이 지난 지금, 광고는 나의 천직이 되었다.

광고업계는 세상의 모든 업종 중에서 자타공인 부침과 경쟁이 가장 심하다. 미국에서 가장 과대평가되어 있는 업종 1위, 잘 알려진 미국 드라마 '매드맨' 에서 보이는 잘 차려 입은 멋쟁이 신사들로 대변되는 직업, 미국에서 미혼 여자들이 일등 신랑감으로 생각한다는 직종이 광고 에이전트다. 왜 일등이냐 하면 'Double income, Half life', 즉, 연봉은 두 배, 수명은 절반이기 때문이다. 웃을 수도 울 수도 없는 이런 농담이 있을 정도로 격무에 시달리는 업종이 광고다. 대한민국에서도, 해마다 천재적인 두뇌들이 환상을 좇아 모여드는 곳이 바로 광고 업종이다. 그리고 나와 같은 일을 하고 있는 역할을 광고에이전트, 업계 용어로 AE(Account Executive)라고 한다. 시큐리티 에이전트든, 광고 에이전트든, 누군가의 부름을 받고 솔루션(해결책)을 찾아내는 것은 같다. 광고는 종합적인 사고와 뛰어난 문제해결 능력을 요구하는 직종이다. 특히, 광고회사의 브레인이라고 할 수 있는 AE는 그 중심에 있는 사람이다. 얼마 전에 세상을 떠난 스티브 잡스처럼 인문학과 디자인, 경영학을 넘나드는 제너럴리스트가 바로 AE다.

> "보스가 좋아할 것인지 싫어할 것인지에 대해
> 끊임없이 걱정하는 것만큼
> 조직을 빨리 퇴보시키는 것은 없다."

도요타 기이치로(도요타 창업자)

2001년 10월 31일. 면접장 앞에서 나름 긴장한 표정으로 내 이름이 불려지기만을 기다린다. 전혀 광고하시는 분처럼 생기지 않은 사장님이 뜬금 없이 개인기를 해보라고 한다. 나는 잠시 머뭇거리다 학창시절에 연마한 러시안 댄스를 선보였다. 의자를 집고 한 바퀴 덤블링을 하는 고난이도 동작이었다. 20분의 면접 중 열정적으로 춤을 추는데 10분이 흘러가고, 나머지 10분은 바닥에 떨어져 굴러다니는 동전과 휴대폰, 담배를 줍는데 허비되었다. 그리고 마지막 1분은 사장님의 담배 끊으라는 잔소리로 마감되었다. 지금 와서 생각하면 그런 거침 없는 모습이 광고쟁이한테 미덕이라고 생각하셨던 모양이다. 면접 전 열심히 암기했던 광고이론과 상식은 전혀 어필할 기회도 없이 말이다. 뒤이은 토론 면접도 평범하게 넘어가지 않는다. 내가 속한 조는 소위 대기업 광고 공모전에서 1위를 한 사람이 두 명이나 포함되어 있다고 한다. 살며시 오기가 생긴다. 조를 이루어 열띤 토론을 벌이다 결말이 나지 않았는데 심사위원들께서 시간 종료를 알리신다. 이대로 끝났다가는 전혀 그분들께 어필할 수 있을 것 같지 않다. 다시 한 번 '똘끼'를 발휘하지 않을 수 없었다. 여기서 끝낼 수는 없으니 포장마차에서 막걸리를 먹으며 계속 토론할 테니 이만 원만 달라고 요구를 한다.

스물 여섯. 내가 처음이자 마지막으로 문을 두드린 곳은 대한민국 최고의 광고에이전시라고 불리는 곳이었다. 면접에서 보여준 나의 독특한 캐릭터가 마음에 들었는지 회사는 나를 덜컥 합격시켜 주었다.

광고회사에서는 여러 명이 팀을 이루어 프로젝트를 진행하는 것이 보통이다. 특히, 회사에 높은 이익을 가져다줄 프로젝트의 경우에는 투입되는 스태프들이 30명을 넘기도 한다. 유독 나는 굵직굵직한 경쟁 프로젝트에 자주

차출이 되었다.

T/F의 막내인 나는 사무실 끝에 위치한 가장 큰 회의실에 '필사즉생, 필생즉사'라는 푯말을 붙인다. 여기에서 서로 다른 팀에서 차출된 여섯 명이 한 달간 '합숙 아닌 합숙'을 하게 된다. 연차가 가장 높은 팀장님, 실무 책임자인 국장님, 차장님, 대리, 그리고 주로 자료를 찾거나 커피 심부름을 하는 인턴 사원까지. 한 번 회의가 시작되면 거의 결론을 내지 못하는 경우가 많다. 많은 사람들이 모여 저마다 자신이 본 것들과 그것에 대해 느낀 점을 가감없이 토해내다 보니 생기는 일이다.

많은 사람이 모이는 회의에서는 경험과 연차가 많은 사람의 생각으로 분위기가 흘러가는 경우가 많다. 광고회사도 별반 다르지 않다. 두 시간의 난상 토론이 끝났다. 나는 바로 윗선배가 회의를 정리한 내용, 엄밀하게 말하면 본인에 생각에 논리를 꿰어 맞춘 내용으로 기획서를 작성하기 시작한다. 선배는 자리를 비우고 볼 일을 보다가 제안서 정리를 마쳤다는 내 전화를 받고 돌아온다. 그리고는 제안서의 폰트를 바꾸자 라든지, 배경의 컬러를 좀 더 어둡게 하자는 코멘트를 준다. 그에 맞춰 기획서를 다시 매만지고 있을 무렵, 차장님이 들어오신다. 내용을 비교적 찬찬히 훑어본 후, 본인의 생각은 이러이러하니 바꿔달라고 요청을 한다. 새롭게 쓰는 것보다 두 가지 의견을 조합하는 것이 더 힘들다. 그런데 문제는 거기서 끝나지 않는다. 새벽에 술기운이 가득한 상태로 갑자기 회의실로 들이닥친 국장님. 반주를 곁들인 늦은 저녁식사를 하다가 불현듯 떠오른 생각들을 장장 한 시간에 걸쳐 설파하기 시작한다. 나는 찍소리도 못한 채 빨간 눈을 비벼대며 다시 기획서를 수정한다. 그렇게 '파워포인트'와 씨름하다 보면 어느새 동이 튼다. 그리고 매일 한 시간이나 앞서 출근하는 팀장님을 맞닥뜨린다. 수많은 경험과 인사이트를 지닌 팀장님은 또 한 번 설교를 늘어놓는다. 잠은 다 잤다. 해가 중천에 뜨고 다음 날 일과가 시작된다. 강철 체력은 나 같은 막내에게는 절대 절명의 미덕임이 다시 한 번 발휘되는 순간이다. 잠시 사우나에 가서 눈을 붙이고 컵라면으로 점심을 때운 후 돌아왔다. 어제 모였던 그 멤버들이 고스란히 같은 회의실에 모였다. 내일이 프레젠테이션인데, 밤새 내가 씨름하면서 작성한 기획서가 전무님께 호된 비판을 받고 있는 중이다. 업계 25년 차의 관록을 자랑하며, 수 많은 성공 캠페인을 만들어낸 존경하는 전무님. 전무님께서는 나직한 목소리로 말씀하신다.

"내가 손 좀 볼 테니 다들 나가있지?"


"원래 광고는 지나가는 개도 한 마디씩 하는 거에요"

평소에 친분이 있는 머리가 희끗희끗한 어느 광고계의 노신사가 사석에서 이렇게 말한 적이 있다. 표현이 다소 격하게 들리기는 하지만, 이 말은 광고의 본질을 잘 담고 있다. 그만큼, 광고는 누구나 알고 있는 보편적인 사실에서 단서를 잡아 내어 창의적으로 풀어내는 작업이기 때문에 소위 '훈수'가 많을 수밖에 없다. 그리고 실제로 그 광고를 소비자에게 보여주기까지의 험난한 과정은 보통 '훈수'를 둔 사람들과는 다른 사람들의 피와 땀으로 만들어진다.

위에 소개한 에피소드는 물론 광고 대행사의 모든 일상을 대변하지는 않는다. 하지만 경쟁 프레젠테이션을 여러 번 경험하다 보니, 대형 조직의 단점이 자꾸 눈에 들어왔다. 논리와 창의력으로 무장한 젊은 사원들이 왜 그렇게 많이 이직하는지, 그리고 쉽게 지치는지 이유를 알 수 있었다. 점점 이런 생각들이 머릿속에서 맴돌며 떠나지 않을 무렵, 결정의 순간이 다가옴을 직감할 수 있었다.

나의 이십 대는 그렇게 지나갔다. 비교적 짧은 기간이었지만 내가 몸 담고 있는 업의 본질에 대해 깊이 고민했다. 내가 바라본 광고업은 많은 사람들이 그저 자리를 채워서 되는 일이 아니다. 책임을 맡은 사람의 리드 하에 집중적인 고민을 하고, 빠르고 정확하게 의사결정하여 추진할 때 최상의 효율을 끌어낸다고 믿었다. 그런 면에서 대형 광고회사는 아쉬운 점이 있다. 복장이나 규율이 상대적으로 자유로워 보이긴 하지만, 이면에는 대기업으로서의 빡빡한 조직논리가 작용하고 있었다. 물론 그런 조직논리는 피할 수 없는 것이긴 하지만 말이다. 아무튼 바로 이런 조직논리의 약점 때문에, 소위 광고계의 '골리앗'이 천재적인 인사이트를 가진 '다윗'의 집중력과 유연성, 그리고 기동성에 발목을 잡히는 경우를 종종 보았다. 나는 그런 결과를 볼 때마다 가슴이 뛰곤 했다.

나는 동기들보다 빨리 매너리즘을 겪게 되었다. 소위 말하는 직장 3년 차, 5년 차, 7년 차 증후군을 빠짐 없이 겪으면서 매일 고민하고 또 고민했다. 안정적이고, 많은 월급과 인센티브를 받는 누구나 부러워하는 직장임에도 불구하고 말이다. 경력이 쌓이고 호봉이 올라가면 갈수록 그런 생각은 더 커져만 갔다. 그러다 보니 누구보다 더 열정적으로 일하고, 인정받으면서도 점점 '투덜이 스머프'로 변해가는 나 자신을 발견했다. 더 이상 큰 회사에 미련이 남아 있지 않았다. 회사는 나에게 '열정 AE'라는 상까지 주시고 사내 방송에 인터뷰 기회까지 주었으나 생각했던 것만큼 기쁘지 않았다.

**"무엇을 아는 것보다는 무엇을 할 수 있는
능력(Ability to do)이 중요하다."**

피터 드러커(현대경영학의 아버지)

열정이라는 것이 지나치면 '화'를 부른다. 때때로 내 열
정은 조직의 일원이라면 누구나 따르는 '매뉴얼(업무지
침)'을 거부했다. 반골은 아니었다. 남이 가지 않은 새로운
방법을 써 보고자 하는 욕심이었을 뿐이다. 회사가 보유한
시스템을 인정하지만, 거기에 기대기만 해서는 스스로 우
물 안 개구리가 되는 것이라 믿었다. 그래서 밖으로 눈을
돌려 항상 새로운 사람들과 새로운 것들을 만들어 가는데
더 관심을 가졌다.

입사 6년차 되던 해였다. 내가 리드를 한 온라인 광고가
히트(Hit: 광고가 인기를 얻는 것)를 하면서, 광고주로부터

공중파 TV광고를 하겠다는 전화를 받았다. 기쁨을 뒤로 하고 어떻게 진행할 것인지 머리를 굴렸다. 보통 절차대로라면 온라인은 온라인 담당 제작자에게, TV 광고는 TV광고 제작자에게 업무를 의뢰하여 기획을 진행하는 것이 정상적인 프로세스다. 하지만 나는 해당 광고의 컨셉트 자체가 전통적인 TV 광고라기 보다는 소비자들과의 '인터랙션'(온라인 상에서 광고와 소비자가 상호소통하면서 캠페인을 진행해 나가는 것) 요소가 더 강하다고 판단했다. 젊은 타겟을 대상으로 최신 트렌드를 반영해야 한다는 생각이었다. 이러한 이유로, 기존의 TV광고 제작팀 대신, 해당 온라인 광고를 진행했던 팀과 업무를 진행하기로 판단했다. 그 결과물이 잘 나올 것이라고는 백 프로 확신하지는 않았으나, 이번 기회에 한 번 제대로 성공사례를 만들어 보겠다는 각오가 되어 있었다. 망설임 없이 윗선에 기안을 올렸다.

"잘못되면 네가 책임질 거야?"

내 기안은 단칼에 반려되었다. 실력을 떠나 실적과 경험이 일천한 제작팀에게 중대사를 맡길 수 없다는 것이었다. 언제부터 사람들이 내 프로젝트에 이렇게 관심이 많았나 싶었다. 그 동안 작은 일이라며 무관심하던 선배들이 밥상이 커지니 뒤늦게 숟가락을 올리려 했다. 혹자는 조직이라면 흔히 있는 일이 아닌가라고 반문할지 모르겠으나, 이 일은 나에게 큰 실망을 안겨 주었다. 온라인 인터랙티브 제작 인력들이 각종 광고 상을 휩쓰는 현재의 상황으로 본다면, 당시의 사건은 상상도 할 수 없는 일이다. 지금 온라인 광고 비즈니스는 디지털 마케팅과 SNS(소셜네트워크 서비스)의 붐 업에 힘 입어 대형 광고 회사들의 핵심 산업이 되었으니 말이다. 실제로 예전에 스탭(staff)부서 정도로만 취급 받았던 온라인 제작팀의 리더는 현재 그 회사의 신규 비즈니스를 담당하는 총책임자가 되었다.

사실 이 프로젝트는 TV CF를 주로 제작하는 팀에게 매력적인 건은 아니었다. 제작비도 적었다. 찬밥신세는 아니었지만 그렇다고 집중적인 배려를 받지도 못했다. 어떤 일에는 분명 그 일에 대한 열정과 실력을 겸비한 사람들이 있다. 그런데 굳이 의지도 없는 보수적인 사람들과 엉켜서 시간을 허비하는 것이 싫었다. 이런 과정을 거치면서 나는 자연스럽게 거대하고 보수적인 조직과 작고 유연한 조직의 장단점을 융합하는 것에 대한 관심이 싹트게 되었다. 그래서 상사들의 관심이 덜하고, 남들이 잘 맡지 않으려고 하는 작은 프로젝트들에 일부러 지원했다. 스스로 리더가 되어 회사 안팎의 다양한 스탭들과 열정적으로 일을 해 나갔다. 때로 그 결과는 눈에 띌 정도로 성공적이었고, 리더로서 프로젝트를 진행하는 것에 대해 무한 재미를 느끼기 시작했다. 그리고 바로 이 때부터, 대규모 조직의 일원으로 오래 살아남기가 힘들어질 것 같다는 생각이 들기 시작했다. 자신감이 하늘을 찌르고, 욕심이 줄어들 기미가 보이지 않는 시절이었다.

현재 있는 회사에서 조직을 총괄하여 프로젝트를 진행할 수 있는 방법이 없는 건 아니었다. 광고회사의 실무 최고 직책인 '디렉터'가 되면 된다. 그런데 디렉터가 되기 위해서는 최소한 15년이 걸린다. 말이 15년이지, 이것은 인내와 노력만으로 가능한 일이 아니다. 대기업의 조직 특성상 물리적인 시간도 중요하지만, 조직의 리더로 선발된다는 것은 다양한 요인이 복합적으로 작용하게 된다. 그것을 쟁취하기 위해 업무적이든, 비 업무적이든 간에, 매일 같이 옆의 동료와 경쟁해서 이겨야 하는 현실에 맞닥뜨리게 된다. 선택은 본인의 몫이다.

광고업계는 종종 스타를 키운다. 평범하게 가늘고 긴 삶을 살 것인가, 아니면 위험을 무릅쓰고 도전하여 스타가 될 것인가? 많은 동료들이 소위 스카우트라는 절차를 통해 유사한 규모의 2위, 3위권 업체로 발을 돌렸다. 그들을 필요로 하는 조직에 가서 더 나은 대우를 받고, 그 조직은 그로 인해 이익을 얻는 상생구조이다. 때로는 떠나간 사람을 두고 배신이라는 용어로 속절없는 질타를 하기도 한다. 그러면서 동시에 부러워한다. 월급쟁이 최고의 미덕은 높은 연봉이라고 하지 않았던가? 그렇게 그들은 '종업원'의 신분으로 그들이 가진 무기를 활용하여 새로운 기회를 찾아 다니며 경력을 쌓아 나가고 있다. 그러나 그들도 아마 알고 있을 것이다. 이직과 연봉상승의 고리는 무한 반복되지 않는다는 것을……

## "마음의 준비만 되어 있다면,
## 모든 준비는 다 되어 있는 셈이다."

### 셰익스피어 『헨리 5세』 中

　나이가 들면서 편한 친구들과의 술자리에서 나오는 주제가 슬슬 '세속스러워'지기 시작했다. 대한민국 30대 남자 직장인들이 술자리에서 가장 많이 하는 이야기가 무엇인지 아는가? 1위가 음담패설, 2위가 자기사업이다. "아이템 하나 잡아서 내 사업"이란 말은 직장인들의 로망이다. 그것이 기업인지, 동네 통닭집인지는 중요하지 않다.

　회사 생활 7년 차에 접어든 나도 예외는 아니었다. 스스로에게 물었다. "그 동안 고민은 할 만큼 했다. 마음의 준비는 되었는가?" 어디로 이직을 하든 결국 끝이 보이는 삶일 가능성이 크다면, 조금 이르더라도 먼저 승부를 걸어봐야 하지 않는가? 나의 10년 후 모습이 바로 내 옆자리에 앉아 있는 국장님과 같다는 현실을 받아들일 수 있는지 자문해 본다. 창업 아이템은 대략 손에 쥐고 있었다. 그 동안 회사를 다니며 생각해 온 것들을 종합하여 장차 내가 만들 회사의 모습을 어렴풋이 그리고 있었기 때문이다. 세상에 없는 아이템을 만들어 창업해야 한다면 죽을 때까지 고민만 할지도 모를 노릇이다. 현재 내가 하고 있고, 남들 보다 더 잘 할 수 있어 보이는 아이템, 그것이 확고한 창업 아이템이다.

급할수록 돌아가라고 했다. 하지만 마음을 먹은 이상 시간을 보내고 있을 수만은 없다는 생각이 커졌다. 온실 속에서 보는 '들판'과 실제로 겪는 '들판'은 분명 다를 것이다. 그 들판에서 살아남을 수 있는지 시험해 보려면 일단 어떤 방식으로든 밖으로 나가야 한다. 어떤 사람들은 '경험 삼아서 창업을 해볼 필요가 있다'는 말을 한다. 불행히도 그런 말을 하는 사람들의 대부분은 잠깐 창업을 경험하고 돌아온 사람들이다. 어쨌든 일은 저질러야 한다. 경험하고 나서 하는 말과, 겪어보지도 않고 그런 말을 수용하는 것은 천지차이니까. 창업으로 성공하기 위해서 내가 그런 자격을 갖춘 사람인지 스스로를 평가해보기로 했다. 무한경쟁의 한가운데에 나를 내던져보는 모험을 강행할 필요가 있었다. 하지만 불행하게도 'wants'는 강렬했

으나, 실질적인 준비는 전혀 되어 있지 않은 상황이었다. 2년 연속 최고 고과를 받으며 촉망받는 주니어로 인정받고 있는 마당에, 회사를 당장 떠나야 할 표면적인 이유도 없었다. 혈기로 회사를 그만 두기엔 '리스크'(위험)가 너무 컸다. 모아 놓은 돈도 없었다. 바로 작년 겨울 신용대출을 일으켜 인생의 대사를 치른 직후이기도 했다.

## "운명은 노력하는 사람에게
## 우연이란 다리를 놓아준다."

**영화 『엽기적인 그녀』 中**

　새로 온 광고주와 처음 식사를 하는 날이다. 보통 '접대' 라고 하면 조용한 곳으로 잡는 게 일반적이다. 이번에는 왜 갑자기 홍대 근처에 위치한 낡은 전통주점이 생각났는지 모르겠다. 대학시절부터 즐겨 찾던 '둥굴레주' 를 파는 그 곳. 이름도 특이하다. '내가 빠져 죽고 싶은 강'. 나의 20대 청춘을 이 곳에서 수백 병의 둥글레주와 바꿔 먹었다고 해도 과언이 아니다. 넥타이와 블루진을 매치하여 시크하게 보이고 싶은 이 남자는 아까부터 기대에 차 있다. 얼마 전 광고 촬영 때 아픈 몸을 이끌고 투혼을 보였던 그 여자분. 촬영 중에 얼마나 안 되어 보였는지, 밖에 나가서 약을 챙겨 한달음에 가져다 준 적이 있다. 알아보니 나이는 28세에 공대 출신인데, 시험을 보고 마케팅 직으로 전과했다고 한다. 오늘 처음 외부에서 만나는 것인 만큼 이것 저것 물어보면서 친해지면 일하기 더 수월하지 않을까 하여 잡은 자리다. 일하면서 봤을 때는 왠지 쌀쌀맞아 보이는 얼굴인데, 막상 술자리에서 보니 천상 발랄한 20대 아가씨. 살아온 이야기, 가족 이야기, 그리고 회사 상사들의 뒷담화까지 끊이지 않고 대화가 오간다. 세 시간쯤 흘렀을까. 갑자기 예정에 없던 비가 주룩주룩 내리기 시작한다. 시계를 보니 10시를 조금 넘었다. 아침 8시에 출근해야 하는 광고주를 위해, 이만 자리를 파할 것을 권유했다. 그런데 우산이 없다. 어떻게 하지? AE는 매일 매 순간이 기획이다. 주점 한 켠에 쌓아 놓은 낡은 돗자리를 이어서 즉석 차양막을 만들었다. 볼이 약간 발그레해진 그 분과 같이 머리에 뒤집어 쓴 채 큰길까지 뛰었다. 주변의 사물들이 마치 영화의 슬로모션처럼 로맨틱하게 지나간다.

그때까지만 해도 몰랐다. 이 사람이 인생의 파트너가 될 줄은 말이다. 광고 AE에게 광고주는 특별한 존재다. 광고주를 좋아하면 고된 일이 즐겁다. 반대로 광고주가 싫으면 대행계약을 놓칠 확률이 높을 뿐 아니라 회사에서도 존속하기가 힘들다. 광고주와 사적으로도 친한 AE는 업무 성과와 성취도가 높다. 그런데 만약 광고주를 사랑하게 되면 어떻게 될까? 나와 아내는 무려 2년 동안 비밀연애를 지속했다. 광고주와 에이전시 동반 회식을 할 때도 우리는 남들에게 혹시 들키지는 않을까, 일부러 멀리 떨어진 자리에 앉곤 했다. 회사에는 미안한 이야기지만, 나는 여자친구를 만날 때마다 상사의 눈치를 볼 필요가 없었다. 광고주를 만나러 가는 것은 야근과 특근보다 중요하니까. 매번 광고 시안을 들고 아내 앞에서 프레젠테이션을 할 때마다 그녀는 얼굴이 발그레해지곤 했다. 물론 실력 때문이었겠지만, 내가 기획한 광고 시안은 백 프로 통과다. 고과는 떼어놓은 당상이다. 하지만 행여 오해는 하지 마시라. 그녀가 광고주의 신분이 아니었다라고 할지라도 내 운명은 바뀌지 않았을 것이니 말이다.

> **"상품의 질이 좋다고 승자가 되는 것은 아니다.
> 먼저 움직여야 승자가 되는 것이다."**
>
> **톰 피터스(『초우량기업의 조건』을 쓴 경영저술가)**

 

광고업은 언뜻 복잡한 것처럼 보이지만 기본은 단순하다. 흔히 생각하듯, 광고를 소비자가 평가한다는 인식은 잘못된 것이다. 광고를 제작하고 대행하는 광고회사의 업무결과물은 그것에 대해 비용을 지불하는 광고주가 평가하는 것이다. 그래서 광고회사는 높은 수준의 대행능력과 낮은 비용이라는 이율 배반적인 목표를 달성하기 위해 끊임없이 진화해가고 있다. 광고회사는 지식과 경험에 바탕을 둔 현란한 논리와 화술로 광고주를 현혹시킨다. 그렇게 프로젝트를 따냄으로써 비즈니스가 성사된다. 광고 회사의 아웃풋(output: 결과물)은 투입된 인원들의 두뇌 노동에 의해 비용이 산출되는 구조이다. 즉, 맨 파워(man power: 인력)의 전문성이 가장 중요하다. 이러한 이유로 인해 광고

선진 시장이라고 할 수 있는 미국과 영국에서는 광고의 전문화, 분업화가 급속도로 이루어지고 있다. 광고업무의 3대 요소는 기획, 제작, 실행이라 할 수 있는데, 과거에는 이 활동들을 대형 대행사에서 턴키(Turn Key: 프로젝트의 처음부터 끝까지 일괄적으로 맡기는 것)로 했다면, 최근에는 전문화된 집단으로 이루어진 생태계가 이를 나눠서 하는 추세로 변하고 있다. 이는, 광고주의 높아진 안목과 발 빠른 실행에 대한 요구가 강화되는 것과 관련이 있다. 특히, 최근 몇 년 사이 소셜 네트워크의 급속한 발달과, 스마트폰과 같은 디지털 기기가 각광을 받기 시작하면서 이런 현상은 더욱 두드러지게 나타나고 있다.

이것만 보자면, 혹자는 전문성을 가진 소규모 광고회사에 기회가 많겠다고 생각할지 모르겠다. 안타깝게도 우리나라의 경우는 예외다. 세계적으로 유례를 찾아볼 수 없는 대기업 계열 대행사, 소위 인-하우스 라고 불리는 시스템이 있는 유일한 나라이기 때문이다. 우리나라는 전체 광고 매출의 약 80%를 대기업 산하의 계열 광고회사가 차지하고, 나머지 20%를 수백 개의 중소형 광고회사가 나눠 가지고 있다. 후자는 주로 대형 광고회사가 대응하기에는 규모가 작고 순발력이 요구되는 분야에서 업무를 수주하는 것이 대부분이다. 때로는 큰 광고회사로부터 일을 수주하여 수익을 내기도 한다. 그래서 광고업종은 먹이사슬이 꽤나 복잡하다. 이를테면, AE가 광고 크리에이티브(creative: 광고 아이디어와 결과물을 통칭하는 말)를 사내에 있는 제작팀에게 의뢰하면, 그 팀은 외부조직에 위탁을 하고, 그 조직들이 다시 하부 조직들에게 일을 주는 식이다. 많은 비즈니스 주체가 일을 같이 하다 보니 업무의 책임과 의무가 정확하지 않을 때도 있다. 그리고, 커뮤니케이션에 드는 비용과 시간 대비, 결과물이 따라오지 못하는 경우도 많다.

우리나라의 광고업계 구조는 분명 작은 광고회사에 불리하다. 하지만 나는 오히려 여기에 비즈니스 기회가 있다고 생각했다. 80%에 끼기 위해 분투할 게 아니라, 20%의 '작은 밥그릇'에서 승부를 걸면 어떨까? 메이저 80%가 관심을 기울이지 않는 부분, 그리고 마이너 20%는 하고 싶어도 역량이 안 되는 부분의 교집합을 그린다. 뭔가 가능성이 있어 보였다. 광고는 절대 큰 조직일 필요가 없다. 작은 조직으로 비용과 시간의 유연성을 확보하되, 대기업 수준의 질 좋은 서비스로 승부하는 것이 위닝포인트(Winning Point)다. 어떻게 가능한가? 해외광고 종합서비스는 제대로 조직을 갖춘 몇 군데의 대형 대행사가 아니면 할 수 없다고 인식되고 있었다. 해외로 진출한 국내 기업들은 점점 늘어나는데, 광고주들은 국내에서 광고를 만들어 내려고 하고 있다. 그런데 글로벌 광고 콘텐츠만의 특성에 익숙하지 않은 국내 소규모 광고회사들에게는 이 니즈(needs)를 충족시켜줄 역량이 부족하다. 틈새시장, 바로 블루오션인 것이다.

대형 광고회사의 해외광고팀에서 양질의 업무경험을 쌓은 내가 이 시장을 공략한다면 승산이 있어 보였다. 대기업 수준의 서비스 품질을 제공하면서 소기업의 기동력과 저렴한 비용으로 승부한다면, 경쟁 차별화를 가져갈 수 있다고 판단했다. 그런 생각에 이르자, 더 이상 광고회사 창업은 레드오션이 아니었다. 더 이상 지체할 수가 없었다. 실행에 옮기기 위해 업계를 조사하며 창업을 준비하고 있을 무렵, 예상치 못한 기회가 왔다. 아니, 기회가 왔다기보다는 공중에 흩어져 있던 무수히 많은 기회들이 이제야 눈에 보이기 시작했는지도 모르겠다.

> **"기회란 포착되어 활용하기 전에는
> 기회인지 조차 알 수 없는 것이다."**
>
> **마크 트웨인(『톰 소여의 모험』을 쓴 소설가)**

회사를 떠나 사업을 운용하는 선후배들과 가끔 교류하며 그들이 어떻게 살아 남고 있는가에 대한 경험을 듣고 다니던 때였다. 밖으로 나갔을 때 내 전투력이 어느 정도일지 그들을 통해서 대략 감을 잡을 수 있겠다 싶어서였다. 그러던 때에, 우연히 나간 한 모임에서 신입사원 시절 롤 모델로 따랐던 선배님을 만나게 되었다. 삼 년 만이었다. 그 사이 선배는 대기업을 나와 광고 컨설팅 프리랜서를 하고 있다고 했다. 돌이켜 보면 그때 그 술자리가 내 인생의 흐름이 바뀌는 전환점이다. 선배는 본격적으로 사업체를 설립하려고 했고, 비즈니스 전략을 간략히 들어보니 내 방향성과 상당 부분 일치하고 있었다.

"큰 일 한번 해보지 않을래?"

며칠 후에 선배가 나를 다시 불렀고, 조인하지 않겠냐는 제안을 받았다. 나는 확신이 들었다. 그리고 그 자리에서 수락을 했다. 다음 날 직장에 퇴사 의사를 밝힌 다음 22일 만에 새 사무실로 출근을 하게 된다. 마음이 흔들리고 귀가 얇아질 새도 없었다.

이직을 경험해본 사람은 누구나 알겠지만, 회사는 들어가는 것도 어렵지만, 나가는 것은 더 어렵다. 불행히도 내가 근무하던 부서는 저년차 일꾼들이 귀한 부서였다. 그래서 내게 주어진 업무량이 많았기 때문에 모든 선배들이 내 퇴사를 탐탁지 않게 생각하는 눈치였다. 그들이 볼 때 나의 이직은 합리적으로 이해가 안 되는 것이었다. 더 좋은 업종으로 가는 것도 아니고, 유사한 급의 광고회사에서 스카우트 제의를 받은 것도 아니다. 듣지도 보지도 못한 신생 회사로 가는데, 그렇다고 지분을 받은 것도 아니고. 그런데 그렇게 쉽게 결정을 해 버리니 말이다.

직장뿐 아니라 가족과 친구들 그 누구도 내 무모한 결정을 반기는 사람은 없었다. 어머니는 내가 종사하는 업종에 대해서 잘 아시지도 못하면서 작은 회사로 옮긴다니 매일 걱정을 하셨다. 친구들은 이제 막 '꽃 필' 나이인데 참으라고 다그쳤다. 다행히 결혼한지 얼마 안 된 아내는 나의 구구절절한 이야기를 듣더니 선뜻 동의를 해주긴 하였다. 하지만 나중에 가서야 그 이유가 비즈니스 전략에 대한 동의가 아니라는 사실을 알았다. 넘치는 혈기와 열정을 한 살이라도 어릴 때 겪어야지 너무 늦지 않게 다시 제자리로 돌아오리라는 기대감이었던 것이다. 나중에 나이 먹고 창업한다고 하는 것보다 낫다라는 논리다. 사실 너무 어린 나이이기도 했다. 국내 광고계에서 30대 초반이면 한창 일을 배워 나갈 나이이며, 창업은 보통 40대 중반 이후에 자의 반 타의 반으로 이루어지는 것이 통념이기 때문이다. 참고로 광고회사에서는 40대 중반이면 대부분 은퇴를 심각하게 고려한다.

　사람들의 반대에 어쩌면 잘 된 일이라는 생각이 들었다. 주식도, 부동산도 신문 보도와 반대로 움직이면 성공한다고 하는 말이 있다. 상황은 다르지만, 반대하는 사람이 많을수록 성공할 확률이 높다고 믿었다. 같이 일하던 선배들의 진심 어린 '저주' 에도 나는 꿋꿋하게 사표를 냈다.

　"너처럼 나가서 잘 된 사람 못 봤다."

　지금이 어느 때인데 대기업을 박차고 나가느냐는 걱정들이 대단했다. 심지어, 내가 6개월 이내에 다시 회사로 돌아오는 데 내기를 하는 사람들도 있었다. 그만큼 내 결정은 그들에게는 무모했었나 보다. 하지만 나에게 온 이 기회는 여러모로 유용한 것이다. 혼자 곧바로 창업하기엔 너무나 리스크가 큰 상황에서, 미리 들판의 공기를 온 몸으로 느끼며 워밍업을 하기에는 절호의 '브릿지'(bridge)로 판단되었다. 현 직장의 네임 밸류 덕에 고용 조건도 괜찮은 편이니, 나로서는 더 이상 마다할 이유가 없었다. 회사는 모 대기업 전자회사의 해외광고 수주를 목표로 하고 있었고, 대표이사를 포함한 총 직원 4명의 스타트업(Start-up, 신규창업)이었다.

> "끝까지 생존하는 종은 강하고 두뇌가 좋은
> 종이 아니라 변화에 잘 대처하는 종이다."
>
> **찰스 다윈(진화론을 주창한 과학자)**

새로운 사무실로 출근하는 첫 날이다. 한 시간 늦어진 출근 시간의 여유가 마음에 든다. 압구정 로데오 거리를 관통하여 십 분 정도 한가로이 걷다 보면, 없던 광고 아이디어도 마구 생겨날 것 같다. 사무실에 도착하여 팀장이라고 표기된 명함을 받고 나름 '승진'의 기쁨도 맛본다. 물론 팀원은 없지만 말이다. 값비싸 보이는 새 노트북을 켜고 본격적으로 업무를 시작한다. 두 시간 정도 자리에서 이것 저것 웹 서핑을 하다 보니 문득 이상한 기분이 들었다. 뭔가 어색하다. 조용하다 못해 고요하다. 이유를 한참 동안 생각해 본다. 그렇다. 전화가 오지 않기 때문이다. 출근하자마자 울려대는 전화와, 옆 팀에서의 호출, 담배 피우자고 불러대는 선배들이 없다. 불안감이 엄습한다. 온실은 바쁘지만 따뜻한 울타리고, 이 곳은 들판이며 칼 바람이 횡하다. 무에서 유를 창조하는 신생회사라는 점을 잠시 잊었던 것이다. 점심 약속이 있는 한 명을 제외한 세 명이 조촐히 백반을 시켜 먹는다. 소소한 일상 얘기가 오간다. 식사를 하고 밖에 나와 한 시간 넘게 커피를 마신다. 일이 몰리지 않기 때문에 생기는 여유다. 오후에는 광고 제작을 같이 하는 파트너 업체와 미팅을 가진다. 그들의 눈빛이 다르다. 가족을 먹여 살리기 위해 발이 부르틀 때까지 들판을 뛰어 다니며 먹이를 사냥하는 맹수들의 눈빛이다. 고독해 보이면서도 자신이 넘치는 분위기다. 스스로 하지 않으면 아무도 케어해주지 않는 거친 들판. 거기에서 마주친 그들의 포스는 너무나 강렬하게 내 마음을 울린다. 회의를 마치고, 사장님께서 협력업체에 이사선물로 간이침대를 보내라고 하신다. 웬 간이침대…… 이 사람들이 이렇게 사는구나 하는 생각에 숙연한 기분마저 든다

　　사장님과 광고주에게 제시할 제안서에 대해 잠깐 논의한 뒤 다시 혼자 만의 시간을 가졌다. 조용히 이 낯선 회사를 관찰하기 시작했다. 이야기로만 들었던 이 회사의 비즈니스 전략을 내 눈으로 직접 보고 싶었다. 사장님과 컨

설팅 프리랜서를 하다 알게 된 고객이 현재의 광고주였다. 연간 안정적인 물량(광고를 수주할 수 있는 예산)이 있고, 그로 인해 매출을 올리고 있는 상황이었다. 하지만 문제는 친분이 있는 고객 한 명에 전체 사업이 의지하고 있다는 것. 그래서 담당자가 전업을 하거나, 불만을 갖게 되면 사업 존속 자체가 어려워질 수 있는 상황이었다. 체계화된 수익모델과 향후 발전모델이 시급했으나, 아직 마련되지 않은 듯했다. 사장님이 종종 나를 불러서 그런 '모델'이 부재하다라는 말을 했기 때문이다. 사장님은 고민이 많았지만 바로 행동으로 옮기지는 않았다. 가장 안타까운 부분이었다. 당장 행동으로 옮기지 않는 말은 아무런 소용이 없다.

나는 스스로 프로젝트를 만들어 시작했다. 현재 이 회사가 지향하는 바가 결국 글로벌 전문대행 소규모 광고회사의 바로 그 모델이라는 점을 고객에게 확신시키고, 체계화시키는 것이 필요해 보였다. 사장님이 하라고 시킨 것도 아니다. 안 해도 내 급여는 나온다. 하지만 이후의 목표를 달성해야 하는 나에게는 가장 시급한 일이었다. 문제는, 당장 고객들에게 수주받은 업무를 처리하는 것도 벅찬 마당에, 이런 근본적인 소위 '땅을 다지는' 작업을 하는 건 너무 피곤한 일이라는 것이었다. 게다가 나는 아직까지 한 번도 그런 종류의 일을 해 본적이 없었다. 하지만 나는 불도저 정신으로 되든 안 되든 뭐든 일단 시작을 하고 보는 사람이다. 기업의 경영전략에 대해서는 문외한이지만, 유명한 컨설팅 업체의 제안서를 벤치마킹해가며 뚝딱뚝딱 논리를 만들어 나갔다.

시키지도 않은 일을 시작한지 8주가 흘렀다. 두 달 간 치열하게 준비했던 내용들을 사내의 조촐한 워크숍을 통해 발표하기로 했다. 바람 쐴 겸 교외로 나왔다. 네 명이 기분 좋게 골프라운딩을 하고, 점심을 먹은 후 세미나룸에 모였다. 동료들은 대체 내가 무얼 하나 궁금하기만 하다. 그래도 뭔가 기대하는지 두 눈은 반짝반짝한다. 일이 없는데 왜 내가 야근을 하나 이상하게 생각했을 것이다. 다행히 사장님은 관심이 많은 것 같았다. 아젠다(회의의 주제)를 듣더니 바로 귀를 기울이기 시작한다. 앉아서 듣는 사람들이야 쉽겠지만, 무에서 유를 만들어 내는 것은 정말 쉽지 않다. 아마 해본 사람이라면 알 것이라 믿는다. 한 시간여가 지나자 하나 둘 '쓰러지기' 시작했다. 평소에 관심이라도 있었어야 호응을 해줄 터였다. 하지만 불행히도 그들의 관심은 거기에 없었다. 졸음을 참지 못하는 사람들은 굳이 깨우지 않았다. 내 브리핑을 열심히 듣는 건 사장님뿐이었고, 결국 두 시간에 걸쳐 브리핑한 내용은 사장님의 마음을 움직였다.

그 후 6개월 동안 실행 계획에 대한 실제 진척사항을 보고할 때까지 쉴 새 없는 나날이 지속되었다. 지금까지는 광고주가 어떤 광고 음식을 주문하면 그것을 요리하는 식이었다면, 이제는 다양한 음식을 기획하고 요리해서 제안해야 하는 상황이 되었다. 그러한 음식을 개발하는 일과, 요리하기 위한 협력 업체를 발굴하는 일이 나의 주된 업무였다. 때때로 협력 업체의 업무 부담이 과중될 경우에는 서툰 그래픽 툴 기술로 직접 시안과 이미지를 만들면서 요리사 역할까지 수행했다. 우리의 비즈니스 환경은 대기업과는 너무 달랐다. 대 조직에서는 밥 먹듯 했던 작은 실수가 해당 프로젝트에 대한 계약 해지로 연결될 수 있었다. 그만큼 치열한 경쟁의식이 피부로 와 닿았다. 어머니가 해주시는 밥상을 걷어 찬 벌로 내가 밥을 지어 먹어야 하는 냉혹한 현실. 그렇게 11개월이 흘러갔다. 지난 7년보다 더 긴 11개월이었다.

## "최고의 경쟁력은 열정이다."

잭 웰치(전 GE 회장)


내 주관적인 생각이긴 하지만, 광고기획자의 실력은 시간의 흐름에 따라 순차적으로 올라가지 않는다. 즉, '계단식 성장' 모델에 해당한다. 어렸을 적 일본 만화영화 '드래곤볼'의 '초샤이아인'을 기억하는가? 거의 죽기 직전까지 몸을 밀어부친 뒤에야 비로소 파워가 한 단계 레벨업(level up)된다. 골프도 마찬가지다. 100개를 칠 때 까지는 비교적 금방 실력이 늘어난다. 하지만 100개에서 95개를 가는 데는 많은 시간과 노력이 든다. 그 단계에서 많은 골퍼들이 좌절하고 심지어 골프에 흥미를 잃기도 한다. 물리학에서 언급하는 '역치'라는 개념과도 유사하다.

돌이켜 보면 나에게는 세 번의 '레벨업' 경험이 있다. 신입 사원 때 '사수'(바로 윗 선배를 일컫는 용어)가 3개월

파견을 나가면서 혼자 광고주를 응대하고 업무를 진행하면서 고생했던 시간이 첫 번째이다. 매일 혼자 사무실에 남아 사수가 남겨 준 '매뉴얼'을 뒤져가며 밤새 일했던 기억이 난다. 두 번째는 입사 2년 차에 중동으로 해외 파견을 나갔던 일이다. 4개월 간, 연고도 없는 오지에서 현지인 광고주들을 대상으로 본능적으로 해야 할 일을 찾아 다니던 시절이었다. 당시 나는 누구의 도움도 없이 회장단 일행이 방문하는 호텔 로비에 즉석에서 제품 쇼케이스를 만드는 임무를 수행하면서 스스로의 한계를 넘어선 기억이 있다. 세 번째는 무모한 도전을 하고 있는 바로 지금이다.

위의 세 번의 에피소드에는 공통점이 있다. 힘들어서 울었다는 것이다. 실제로 너무 힘들면 눈물이 나온다. 그리고 그 과정을 겪고 다시 눈을 뜨면 정신적으로나 육체적으로 한 계단 상승하게 된다. 이런 계단식 성장은 열정을 가지지 않은 사람에게는 오지 않을 수도 있다. 욕심이 많아야 어느 정도 수준에서 턱 막히기도 하고, 좌절도 하면서 스스로 돌파구를 찾다가 얻는 것이기 때문이다.


두 번째 직장에서 보낸 11개월은 '눈물이 나올 정도로' 내게 큰 도전의 시간이었다. 지금 생각해보면, 머리 속으로만 생각해 왔던 비즈니스모델을 현실적으로 검증할 수 있었던 소중한 기회였다. 하지만 당시에는, 없는 능력을 끌어올리면서 일을 만들어서 해야 하는 고달픔의 연속이었다. 육체적인 피곤함보다 내 자신에 대한 한계에 부딪힌다는 것이 더 힘들었다. 하지만 힘들었던 시간은 나를 한 단계 더 성숙하게 해 주었다. 대기업의 하급자 입장에서 벗어나, 조직을 총괄하고 책임과 의무를 가지면서 리더십을 체득할 수 있었던 건 최대의 수확이었다. 과거에는 직접 응대할 기회도 없었던 '사장님'을 바로 옆에서 보좌하며 오너들이 가진 생각과 가치관에 대해 배우게 된 것은 덤이다. 이러한 모든 것들은 전과는 달라진 나의 개인 직무기술서에도 고스란히 반영되어 있다.

| 7년 차 손 대리의 직무기술서 | 1년 차 손 팀장의 직무기술서 |
|---|---|
| •기초적인 아이디어 내고 검사 맡기<br>•주간업무 정리 및 회의 소집<br>•광고 모니터링 및 조간신문 스크랩<br>•광고주 미팅 예약 및 상사의 수명 업무 처리<br>•운전 및 식당 예약, 결제 등 | •비즈니스 모델 구성<br>•영업루트 확장<br>•고객을 최전선에서 케어하고 협력 업체 발굴<br>•직원채용 및 관리와 구매, 회계 담당<br>•사업장 환경 관리 감독, 잠금장치 보수 |

내용만 보더라도 두 가지는 양적으로나 질적으로나 상대가 되지 않는다. 어떤 사람이 자신이 할 수 있는 업무의 한도를 케파(capacity)라고 하는데, 그 케파가 사람을 키운다라는 말은 사실이다. 내가 세우게 될 회사를 먼저 습작할 수 있었던 시간이 있었기에, 자신감은 그만큼 높아졌다. 그리고 생각보다 창업의 순간을 훨씬 더 앞당길 수 있게 되었다.

## "결단을 내리지 않는 것이야말로
## 최대의 해악이다."

**데카르트(철학자)**

사장님은 두뇌가 비상한 분이다. 내가 지금까지 알고 있는 사람들 가운데 가장 똑똑하다. 사장님은 테라스에 나가 계시는 시간이 많았다. 작은 주택을 개조해 만든 사무실에서 테라스는 유일한 휴게 공간이자 흡연자들의 휴식처다. 담배를 같이 피우게 될 때마다 사장님은 "우리 회사는 어떤 전략으로 롱 런(long run)할 수 있을까?"라는 질문을 자주 하곤 했다. 그리고 나는 그때마다 성심성의껏 답변을 했다. 즉석에서 나온 답변이 아니기에 구체적인 제안도 했다. 하지만 1년이 다 되어 가도록 기다리는 피드백은 오지 않았다.

회사의 중대사에 대해 내 생각대로 운영을 하고 싶다는 의지가 생길 무렵, 사장님과의 마찰이 점점 늘어나게 되었다. 회사의 업무 폭을 넓히기 위해 현재 고정된 고객을 벗어나 새로운 루트를 뚫어야 하는 게 시급했다. 하지만, 주어진 기회도 놓치는 더딘 의사결정을 나는 참을 수 없었다. 그리고 결정이 늦어지는 이유가 단지 눈앞의 수익성 때문이었다는 것을 알고 실망하게 되었다. 수익성도 중요하지만 먼저 저변을 넓혀야 한다는 것이 나의 신념이었기 때문이었다. 오너의 생각과 대립하여 자신의 주관을 고집하는 종업원은 환영 받지 못 하는 것이 사실이다. 나의 불만의 강도는 높아졌고, 결국 사장님과의 감정적인 갈등이 생겼다.

"그게 싫으면 네가 나가서 사장하든지!"

결국 사장님으로부터 이런 이야기를 듣게 되었다. 더 이상 이 회사는 내게 동기를 부여하지 않았다. 같은 목적으로 의기 투합한 동료들도 같이 나섰다. 사장님과 긴 면담을 거쳐서 퇴사를 하기로 결심한다. 입사한 지 11개월 4일 만이었다. 비록 짧은 시간이었지만 나 스스로 그동안 최선을 넘어 최상을 다했고, 그만큼 회사에 기여한 바가 크다고 믿었다. 그런 탓인지 외로워 보이는 사장님의 두 어깨를 등지고 회사를 나오는 발걸음이 그리 무겁지만은 않았다.

두 번째 직장을 그만두면서 나는 비로소 창업의 기반을

다지게 되었다. 월급을 받으면서 창업 기술학교를 수료한 셈이다. 물론 그 기반이란 '소프트웨어'에 한정된 것이다. '하드웨어'는 11개월 만에 생길 수가 없다. 1년을 채우지 못했기 때문에 퇴직금도 없었다. 그래도 일만 하면서 돈을 덜 쓴 까닭에 그간 급여로 모인 돈이 적지 않은 것은 다행이었다. 사업장을 설립하고 기업운영에 필요한 관리업무의 스킬(skill)을 배운 것은 아주 유용했다. 적어도 세무사나 법무사를 만나서 대화를 나눌 정도는 되니 말이다. 이곳이 아니었다면 그런 사람들을 만날 일이 과연 있었을까 싶다. 들판으로 내동댕이쳐지는 것이 더 이상 두렵지 않았다. 시스템이 없는 곳에서 살아 남는 법을 어느 정도 터득한 뒤이기 때문이다. 새끼 독수리가 첫 비행을 하듯, 하늘에서 바라보니 전에는 안 보이던 것들이 속속 들이 보이기 시작했다.

> **"변화란 단순히 과거의 습관을 버리는 것이 아니다.
> 과거의 습관 대신에 새로운 습관을 익히는 것이다."**
> **캔 블랜차드(『칭찬은 고래도 춤추게 한다』를 쓴 경영컨설턴트)**

사장님은 퇴사 절차만큼은 뜸들이지 않았다. 기업인이란 원래 그런 것일까? 이미 퇴사자가 나올 것을 예상하고 대책을 모두 마련해 둔 듯했다. 키와 노트북을 반납하고, 평일 오전 도산대로에 있는 커피숍에서 동료를 만났다. 모두 일할 시간에, 편한 차림으로 커피숍에 나와 앉아 있는 사람들이 대체 뭐 하는 이들일까 궁금했었는데, 다들 우리 같은 사람들처럼 보여졌다.

"자, 이제 '회사놀이'의 시작이다."

정관을 만들고, 설립절차를 리뷰하고, 첫 매출대상을 물색하다 보니 주차비가 삼 만원이나 나왔다. 그 정도 주차비라면 10시간 이상을 있었다는 것이다. 시간 가는 줄 모른다라는 표현이 이렇게 와닿긴 처음이다. 일사천리로 법인 사업자등록을 마치고 사무실을 구하러 다녔다. 교통이 최우선이었으므로 재정 형편 상 사무실 인테리어에 욕심을 낼 수는 없었다. 드디어 12평 남짓의 낡은 빌딩 오피스텔에 들어서는 순간! 창업의 기쁨은 현실로 바뀌었다. 휘황찬란한 야간 조명을 자랑하는 시내중심가에 우뚝 선 대형 빌딩. 로비를 지나 엘리베이터를 타러 가는 동안 만나는 많은 사람들. 한 층에만 100여 명이 근무하던 광고본부, 하루에도 몇 번씩 계단을 넘나 들며 좌충우돌하던 나의 첫 직장에 대한 기억이 파노라마처럼 스쳐갔다. 그 모든 것들을 버리고 내 발로 걸어 나와 이제는 빛도 잘 들어오지 않는 좁은 오피스텔에서 새 삶을 시작한다? 문득 묘한 카타르시스를 맛보았다.

장소가 장소인 만큼, 사무 집기들도 좋은 것들을 구입하고 싶지 않았다. 논현동 골목의 중고 가구점에서 구입한 오만 원짜리 책상을 네 개 배치하는데 꼬박 두 시간이 걸렸다. 내로라 하는 공간인테리어 업자도 이런 기상천외한 책상 배열은 상상조차 못 할 것이다. 시골 식당에서도 쓰지 않을 것 같은 허름한 원탁을 가운데 두었다. 벽에는 옆 사무실에서 쓰다 버린 화이트보드를 걸었다. 일에 집중하느라 갈증으로 기절하는 일이 없도록 작은 냉장고도 구비했다. 빔 프로젝터는 언감생심이다. 다만 건강을 생각한다는 명목으로 의자는 나름대로 비싼 새 제품을 구입하기로 하였다. 사실 내가 허리가 안 좋긴 하다. 사무실 공간 세팅을 다 하고 나니, 오히려 공간이 좁은 것도 장점은 있었다. 각자 업무를 보더라도 누군가 제의하면 영점 오 초 만에 가운데 테이블로 주르륵 모일 수 있으니 말이다.

이런 행동을 자기최면이라고 하던가?


이렇게 사무실을 개장하고 얼마 되지 않아 바로 전 직장의 후배가 인사차 들렀다. 밝은 얼굴의 여자 후배는 문을 열고 들어오자마자 표정관리에 실패하고 만다.

"기껏 이렇게 살려고 나왔나요?"

후배의 눈은 이렇게 말하고 있었다. 낡고 초라한 가구들과 좁은 공간에 직원들과 엉켜서 다닥다닥 붙어 있는 모습을 보고는 알 수 없는 표정으로 잠시 앉아 담소를 나누다 떠났는데, 그 모습이 아직까지도 눈에 선하다.

> **"운명을 바꿀 수 있는 유일한 열쇠는 감동이다."**
>
> 손정의(소프트뱅크 창업자)

통념 상 광고업은 '물주'(광고주)가 있지 않으면 시작할 수가 없다. 많은 중소 규모 광고업체가 친분을 이용하여 광고 영업을 하고 일을 수주한다. 나는 애초부터 그런 회사들과 어깨를 나란히 할 생각은 전혀 없었다. 작은 회사는 실력이 아닌 인맥으로 살아간다는 편견을 깨고 싶었다. 서둘러 창업한 결과 일을 당장 줄 광고주가 없는 건 사실이지만, 쫄지 않았다. 사무실을 정리한 바로 그 날 새벽, 프로젝트를 같이 하고 동고동락하면서 말이 통했던 대기업의 지인을 찾아갔다. 강변북로의 새벽바람을 가르며 달려간 그곳에서, 그 분은 늦은 시간임에도 불구하고 모험을 시작하는 내게 격려를 아끼지 않았다. 참고로 3년 전 바로 그 자리에서 이야기를 나눈 그 분은 지금 승승장구하여 글로벌 부서의 팀장이 되었다. 무작정 도와달라고 부탁하지는 않았다. 세상에 거저 얻는 일은 없기 때문이다. 대신 추후 프로젝트의 비딩(경쟁입찰)을 할 때 에이전시 자격으로 공정한 기회를 달라고 부탁했고, 실력으로 인정받아 선택받겠다고 했다. 그런 식으로 경쟁 프레젠테이션에 초청받기 위해 지인들을 통해 광고 담당자들을 만나고 다녔다. 약속이 없는 날에도 가만 있을 수는 없었다. 주변에 있는 대기업의 데스크에서 광고마케팅 담당자의 전화번호를 따 내며 속칭 '담 넘기'까지 시도해 보았다. 예전 같으면 상상도 하지 못할 일이다. 하지만, 나 스스로와 회사를 위해 하는 일이니 창피하다기 보단 재미가 더 컸다.

2009년 겨울. 드디어 기회가 왔다. 광고주는 국내 굴지의 제약사였다. 헤어염모제를 본격적으로 광고하기 위해 메이저 광고대행사를 물색하던 광고주는 평소 친분이 있었던 지인을 통해 신생 회사인 우리에게도 광고 제안의 기회를 주었다. 사실, 작은 광고기획사가, 그것도 신생 회사가 도전하기에는 너무나 큰 광고 건이다. 소개를 받은 광고주도 친분이 있어서 입찰에 초대를 해준 것인지 큰 기대는 안 하는 것이 눈에 보였다. 나는 오기가 생겼다. 오리엔테이션(광고주가 광고회사에 광고업무를 의뢰하는 미팅)이 끝나고 주어진 한 달 간 목숨을 걸어 보리라 마음 먹었다.

그로부터 한 달이라는 시간 동안 내 머리 속에는 온통 염모제뿐이었다. 본가나 처가에 가서 식사를 할 때엔 부모님의 새치 머리가 이야기 소재였다. 미용실에서는 원장 선생님을 고객으로 생각하고 인터뷰를 하고, 자비를 털어 구매한 제품들을 차에 싣고 다니며 만나는 사람들에게 나누어주고 설문을 요청했다. 그리고 귀중한 인사이트들을 하나하나 정리하여 그간의 공력을 담은 필살 프레젠테이션 문서를 써 내려가기 시작했다.

2009년 겨울. 구로동에 위치한 한 제약회사 회장실에는 전운이 감돌고 있었다. 프레젠테이션에는 회장님이 친히 배석하였다. 불과 1년 전만 해도, 나의 공식 석상에서의 프레젠테이션 대상은 기껏해야 이사급이었다. 그런데, 대기업의 총수를 앞에 두고 말을 해야 한다고 생각하니 엄청난 심리적 부담이었다. 삼십 대 초반의 나이지만 유독 어려 보인다는 말을 자주 듣는 얼굴을 좀 더 '진중'하게 보이게 하기 위해 메이크업까지 하고 나온 터였다. 마른 침을 한 번 삼킨 후 이야기를 시작했다. 장장 100 페이지에 달

하는 분량을 딱딱하지 않게 진행하기 위해 리허설을 벌써 10번도 넘게 한 뒤였다. 큰 어려움 없이 회장님과 처음부터 끝까지 눈을 마주치면서 대화를 해나갈 수 있었다. 머리가 아닌 가슴을 울려야 광고안을 설득할 수 있다는 믿음 하나로 말을 이어나갔다. 자리에 배석한 9명의 고위 임원들은 프레젠테이션이 진행되는 동안 단 한 사람도 졸거나 딴 일을 하지 않았다. 그도 그럴 것이, 누구보다도 제품에 애착이 많은 총수께서 한 번도 주의를 다른 곳으로 돌리지 않으시는데 감히 어느 누가 딴청을 피울 수 있었겠는가? 프레젠테이션이 끝나고 한 임원이 '디테일하면서도 설득력 있는 좋은 프레젠테이션'이라며 격려의 말씀을 해 주시는데 감정이 북받쳐 오르는 희열을 느꼈다.

그렇게 한 달은 정신 없이 흘러가고, 애쓴 보람이 있었는지 우리는 당당히 해당 제품의 광고를 따 내게 되었다. 그리고, 이 일을 계기로 나는 '무대 중독자'가 되었다. 무언가를 열심히 준비하고, 박수를 받을 때의 희열이란, 콘서트에서 혼신의 힘을 다한 가수가 관중석에서 쏟아져 나오는 기립박수에 눈물을 흘리는 것과 다르지 않다. 그렇게 창업 첫 해를 많은 광고주들에게 회사를 알리고 감동을 선사하면서 보냈다.


"어? 네가 여긴 웬일이냐?"

한 번은 해외 가수들이 총 출연하는 대규모 내한 공연의 광고 홍보를 준비해야 하는 경쟁 프레젠테이션이 있었다. 그리고, 운명적으로 '친정' 회사와 마주치게 되었다. 경쟁 PT에서는 보통 상대 경쟁자와 같이 앉아서 오리엔테이션을 받는 경우는 드물다. 그때 나는 '조촐하게' 한 명의 후배를 데리고 앞 에이전시 팀의 오리엔테이션을 기다리고 있었다. 이윽고, 화기애애하게 인사하는 소리와 함께 문을 열고 나오는 예전 선배들을 만났다. 여섯 명이나 되었다. 그들은 나를 보고 흠칫 놀라는 눈치였다. 알 지도 못하는 회사명의 주인공이 나라는 것은 상상할 수 없었을 것이기 때문이다. 어색한 인사를 나누고 우리는 헤어졌다. 나도 모르게 두 주먹에 힘이 들어갔다. 다른 모든 프로젝트를 지더라도 이번만큼은 꼭 이겨야겠다는 생각뿐이었다. 이 프로젝트를 승리하면 내가 진정 이전 회사의 후광에서 벗어날 수 있을 것이라는 생각도 들었다. 어느 때보다도 더 이를 악 물고 준비했음은 두말 할 것도 없다. 그전에도 물론 열심히 했지만, 이번에는 정말 내가 할 수 있는 최선의 최선을 다해 모든 역량을 쏟아냈다. 그리고 결국 국내 최고의 광고에이전시를 제치고 프로젝트를 따내게 되었다. 이 작은 한 건으로 우쭐할 것은 아니었지만, 적어도 내겐 큰 용기를 준 사건이었다.

항상 좋은 일만 있었던 것은 아니다. 현실은 승승장구만 하다가 '해피엔딩'으로 끝나는 드라마가 아니기 때문이다. 신생 회사라는 약점과 대형 프로젝트를 해본 경험이 일천하다는 이유만으로 문전박대를 당하거나, 공정한 기회를 얻지 못하는 경우도 다반사였다. 심지어는 좋은 제안서를 제출했음에도 불구하고 아이디어만 뺏고 실행은 믿을 수 있는 큰 회사에 맡기는 경우도 있었다. 회사의 모양새를 갖추고 경험을 쌓을 때까지 그런 일은 종종 발생했다. 그러나 그때마다 나는 '해당 업종을 공부할 기회였다'는 생각으로 스스로를 위로하곤 했다. 광고AE에게 다양한 업종에 대한 경험자산은 매우 소중한 것이다. 실제로, 그런 경쟁 프로젝트에 참여함으로써 얻은 지식과 경험은 후에 다른 광고주를 영입하거나 업무를 진행할 때 큰 도움이 되었기 때문이다.

## "좋은 농사꾼에게 나쁜 땅은 없다."

속담

오늘은 첫 공채를 진행하는 날이다. 내가 출강하는 대학교에서 모집공고가 나간 탓일까? 스무 명이 넘는 인턴 지원자가 면접 신청을 해왔다. 예상 외로 많은 사람이 몰린 이유는 내가 써서 올린 모집타이틀 때문이기도 하다. '1위 광고회사의 AE가 나와서 차린 해외 광고전문 기획사'라는 타이틀은 젊은 패기를 자극하는데 손색이 없었다. 지원자들의 질문은 한결 같았다. 그 슬로건이 정말 실체가 있는 것인가 궁금해했다. 내 대답은 간단명료했다. 궁금하면 직접 들어와서 눈으로 보고 몸으로 겪으면 될 일이라고 말이다.

사무실이 좁으니 면접은 빌딩 1층에 위치한 까페에서 진행하기로 했다. 솔직히 말하면, 누가 봐도 허름한 사무실을 보여주고 싶지 않았기 때문이기도 하다. 서류 전형은 기본적으로 다 통과시켜 주었다. 믿기 힘들었지만 지원자의 대부분이 토익 800점 후반에 이름 있는 4년제 대학 졸업을 앞둔 재원들이다. 하나하나 소중한 나의 파트너라는 생각이 드니, 면접 시간이 길어질 수밖에 없었다. 개중에는 메이저 대형 광고회사에 지원했다가 낙방한 사람도 있고, 처음부터 작은 회사에서 본인의 실력을 인정받겠다는 '특이한' 사람도 있다. 소위 말하는 '하이스펙'을 지니고 있으면서 일부러 이름 없는 회사에서 커리어를 시작하려고 한다니 당연히 낯선 모습일 수밖에 없다. 3개월의 인턴 기간을 거쳐 정사원 발령 여부를 결정하기로 하고 두 명을 채용했다. 나중에 안 사실인데, 요즘 젊은 친구들이 정말 무섭다. 그 3개월 간 회사는 인턴 사원의 잠재 능력을 평가한다. 그런데, 그 시간동안 인턴 사원도 나름 회사를 평가하며 잔류를 고민하는 시간을 가진다는 것이다. 문득, 십여 년 전 내가 처음 회사에 입사하려고 면접을 보았던 시절과 세상이 많이 달라졌다는 생각이 들었다.

보통 작은 회사일수록 신입보다는 경력을 원한다. 오랜 시간 가르쳐서 '밥값'을 하는 일꾼으로 만드는 데 드는 비용이 만만치 않기 때문이다. 회사들이 바로 '투입'해서

써 먹을 수 있는 경력직을 선호하다 보니 청년 실업이 갈수록 심각해지는 것 아닌가 싶기도 하다. 나는 이번에도 대세와 반대로 움직였다. 하얀 도화지 같은 신입사원, 대학을 졸업한 이들을 과감히 채용했다. 그들에게 회사의 비전은 물론, 내가 일하는 업무스타일까지 전수하고자 하였다. 결과적으로 그렇게 채용한 후배들은 삼 년이 지난 지금 회사에서 날고 기는 나의 분신이 되었다.

# "오늘날 성공적인 리더십의 열쇠는 권위가 아니라 영향력이다."

**캔 블랜차드(『칭찬은 고래도 춤추게 한다』를 쓴 경영컨설턴트)**

보기만 해도 군침이 고이는 닭똥집에, 긴장했던 마음이 금세 사르르 녹아 내린다. 신입사원 때만 해도 감히 쳐다보기도 힘들었던 대 선배님을 만났다. 그것도 3년 만에. 지나간 시간만큼이나 꽤나 서먹서먹하다. 새치를 굳이 감추려 하지 않고, 멋스럽게 소화한 스타일에 감탄의 인사를 건넨다. 도쿄 한 복판에서나 볼 수 있을 만한 원색의 노란진을 입고 영어 이니셜이 크게 박힌 헐렁한 후드 티셔츠를 입은 그 모습에 옆 테이블에서도 시선을 떼지 못 한다. 선배님은 몇 년 전 돌연 퇴사를 하셨다. 정확한 이유는 알 수 없지만 이쪽 저쪽에서 들려오는 소문에 의하면 창업을 했다는 정황 정도를 알고 있었을 뿐이다. 너무 빨리 나온 게 걱정된다는 후배의 말에, 선배님은 지금도 늦다라는 단순명료한 대답으로 회신한다. 똑같은 연배에 똑같은 직급인데 회사 내에 있는 사람들과 다른 삶을 살고 있는 선배는 달라도 너무 다르다. 우리는 쉽게 말이 통했고, 철 없는 어린 시절에나 했을 법한 '세상을 바꿔놓자' 라는 구호로 마지막 소주 잔을 부딪히고 있다. 동병상련이라고 해야 하나? 아니, 이 단어는 어렵고 힘든 사람들 사이에서나 쓰는 말이니 이 자리에 어울리지 않는다. 그 선배의 격려는 창업 직후 불안해하던 나의 마음을 다잡아 주었다.

삼국지에 나오는 유비는 '삼고초려' 를 하여 초야에 묻혀 지내던 제갈공명을 발굴했다. 소규모 정예인원을 유지하면서 최상의 결과를 내야 하는 상황에서, 믿을 수 있고 실력 있는 협력 파트너를 발굴하고 관리하는 일은 가장 핵심사안이다. 창업 전후에 가장 노력을 기울인 부분이기도 하다. 두 번째 직장에서도 이 부분이 가장 힘들다라는 것을 이미 겪은 상태였다. 문제는 어디서 그런 파트너들을 만날 수 있느냐였다.

우리나라뿐 아니라, 전세계적으로 '광고쟁이' 들의 수명은 매우 짧은 편이다. 광고는 빠른 속도로 변화하는 사회적, 문화적인 트렌드에 민감하게 대응하고, 그 속에서

의미 있는 인사이트를 발굴해내어 크리에이티브로 승화시키는 작업이다. 집중력과 젊은 감각은 필수이다. 그래서인지, 광고업계에 종사하는 사람들은 외모와 의상에서 풍기는 분위기부터 남다른 경우가 많다. 강남 지역에서 같은 연배의 40~50대에 비해 훨씬 젊어 보이고 세련되어 보이는 사람들이 있다면? 혹은 나이에 안 맞게 원색이나 체크 무늬 팬츠를 입고 컬러풀한 양말을 매치한 채 강남의 가로수길을 활보하는 이가 있다면? 그들은 십중팔구 광고계나 예능계 종사자라고 보면 틀림 없다.

나의 섭외 전략은 40~50대 이상 경험이 많은 대 선배들이었다. 특히, 본인의 의지에 상관 없이 대형 광고회사에서 일찍 은퇴한 선배들에 주목했다. 그분들은 오랜 경험과 식견이 있을 뿐 아니라, 날카로운 눈으로 트렌드를 관찰하는 습관을 버리지 않고 사는 사람들이다. 나이가 들면서 후배들에게 밀려 직장에서 퇴직한 분도 있고, 적당한 시기에 독립해서 소규모 에이전시를 창업한 새내기(?) 경영인들도 있다. '온실' 속에서 더 많은 시간을 보낸 분들일수록 경영에 대해서는 서투르고 필드에 적응하는 기간이 더 길다고 한다. 그분들이 가지고 있는 노하우는, 어린 나이에 경영 전선에 뛰어든 나의 단점을 보완해줄 수 있을 것이라 생각했다. 그들은 아직 녹슬지 않았다. 그리고 '일'을 원한다. 젊은 후배들 못지 않은 열정을 가지고 있다. 젊은 혈기와 논리적인 기획력으로 무장한 나와 그분들이 뭉치면 다른 경쟁사들과 차별화된 결과물들을 만들어낼 수 있었다. 초야에 은둔하고 있는 왕년의 고수들을 찾아 유익한 대화를 나누는 것 자체가 크나큰 재미인데, 그로 인해 서로 비즈니스적인 이익까지 얻을 수 있으니 이야말로 일거양득이 아니면 무엇이겠는가.

**"군대가 침략하는 것은 막을 수 있지만,**
**때가 되어 생겨난 아이디어는 막을 수가 없다."**

빅토르 위고(『레미제라블』을 쓴 소설가)

"5천만 원 이하 소자본창업의 50%는 3년 내에 폐업하고, 70%는 5년 내에 폐업합니다."

담당 세무사가 해준 말이다. 회계사, 세무사라는 사람들은 정말 피도 눈물도 없는가 보다. 듣기에도 아찔한 말들을 아무렇게나 이야기하기 때문이다. 그들에 의하면, 우리 업태 같은 회사가 3년을 부침 없이 꾸준하게 경영을 지속해온 것은 그 자체만으로도 경이로운 일이다. '지금 이렇게 살고 있는 것이 정상이 아니니 결국은 통계치대로 갈 것이다'라는 경고를 해 주고 싶은 것일까? 인정하고 싶지 않지만 숫자를 업으로 다루는 그들이 말하는 것은 신빙성이 높다. 수 많은 기업들이 개업과 폐업 신고를 하면서 얻은 통계치이기 때문이다. 그래도 5년 이후에 살아 남은

30%는 오랜 기간 지속발전할 확률이 매우 높다고 하니 불행 중 다행이다. 통계에 연연하고 싶지는 않지만 그만큼 대한민국의 창업전선은 팍팍하다. 개업하는 것도 어렵지만, 해서도 치열한 경쟁에서 살아남아야 하는 현실 앞에서 바짝 긴장하지 않을 수 없다. 더구나 경쟁이 심한 광고업계는 더하면 더했지 결코 덜하지 않다.

창업 2년째. '위기'란 예고 없이 다가온다는 말을 실감하게 해주는 두 개의 사건이 발생하였다. 그리고 그 두 번의 위기를 계기로, 아무리 확실한 비즈니스 기회가 보여도 일단 의심부터 하게 되는 못된 습관이 생겼다. 위기라는 단어는 나 같은 경영 초보자에게는 생소함을 넘어 너무나 무서운 단어이다. 회사가 잘 되게 유지하면 본전이고, 굶고 어려울 때 버텨내면 진정 인정받는 경영자라는 말을 들은 적이 있는데, 그 말이 너무나 와 닿았다.

전 날 늦게까지 이어졌던 회식의 여파일까? 머리가 지끈거리고 속이 안 좋다. 꿈 자리도 뒤숭숭한 것이 오늘 무슨 일이 분명 벌어질 것 같다. 물론 그런 예감이 현실이 된 적은 별로 없지만 말이다. 그런데 오늘 사건이 터지고 말았다. 한 후배가 갑자기 내 방문을 두드린다. 어제 회식 자리에서 유독 말이 없었고 자꾸 전화를 받으러 들락날락 하던 녀석이다. 회사 설립 때부터 같이 해오면서 산전 수전을 겪은 그는 육식동물의 눈을 가졌다. 한 번 머리 속에 무언가가 생각나면 지체하지 않고 실행에 옮기는 명석한 두뇌의 소유자이기도 하다. 반면, 느긋한 성격과는 거리가 멀어서 쉽사리 지치거나, 생각을 바꾸는 경우가 잦다. 하지만 그의 뛰어난 능력에 비하면 그런 것쯤은 아무것도 아니다. 내가 볼 때나 안 볼 때나 한결 같이 본인의 책임을 다하면서, 내가 미처 생각 못 했던 부분도 서슴없이 지적하는 모습이 믿음직하다. 그런 그가 돌연 회사를 그만 두겠다고 한다. 아니 엄밀히 말하면 '돌연'은 아니다. 욕심이 많은 그였다. 더 큰 세상에서 더 체계적인 시스템을 갖춘 회사에서 근무하고자 하는 욕구가 생길 시점이었다. 드디어 때가 왔음을 직감할 수 있었다. 나는 그가 원하는 곳이 어떤 곳인지 잘 안다. 하지만 소용없다. 본인이 겪어보지 않는 이상 이해할 수가 없기 때문이다.

창업과 함께 동고동락 했던 동지들이 언제까지나 함께 할 거라 믿는 것은 우매한 일이다. 초창기에는 정말 그랬다. 매일 같이 모여서 회의하고, 밤새 아이디어를 교환하고, 술 한잔 기울이며 피곤을 잊었던 우리는 '이별' 이라는 단어는 생각해본 적도 없었다. 그랬던 사람들이 어느새 생각이 달라지고 반목이 생겨서 누군가가 회사를 떠나야 한다는 것은 너무나 큰 스트레스다.

힘든 과정을 거쳐 합류한 후배들은 그 실력의 성장속도 만큼이나, 슬럼프도 빨랐다. 나와 적게는 5년, 많게는 10년의 경력 차이를 보이는 후배들은 어린 시절의 나를 빼닮았다. 하얀 도화지 같은 그들에게 나의 생각과 노하우, 그리고 일하는 스타일까지 그대로 전수시켰으니 놀랄 것도 없다. 그들은 내가 겪었던 그 과정들을 고스란히 겪고 있었음을 굳이 말하지 않아도 알 수 있었다. 일에 대한 욕심이 많으면 많을수록, 그 결과에 대한 실망도 크고 맷집도 약해질 수 밖에 없다. 스스로 남들보다 뛰어나기 때문에, 남들보다 더 잘해야 한다는 부담감이 컸을 것이다. 그리고 그런 정신은 실패와 실수를 경험하면서 더욱 단단해지기도 했겠지만, 반대로 한 순간에 걷잡을 수 없을 만큼 무너져 내리기도 했을 것이다.

일을 못해서 회사를 그만 두는 사람은 없다는 말이 맞다. 누가 한 말인지는 모르겠지만 정말 정곡을 찌른 말이다. 몇 년 간의 '하드트레이닝'을 마치고 이제 막 회사를 빛내야 할 인원들로부터, 더 좋은 미래를 위해 이동하겠다는 말을 듣는 것은 정말 가슴 아픈 일이다. 본인의 의지가 강한 것을 막을 수는 없는 노릇이다. 그들의 인생을 책임져주겠노라는 약속도 할 수가 없다. 그렇게 '쿨'하게 몇 번 보내주다 보니 가슴에 멍이 들고 상처가 되었다.

> **"사업의 초기 단계에서는 선견지명과 계획보다는
> 시행착오에 대한 신속한 반응이 더 중요하다."**
>
> 아마 하이드(하버드 경영대 교수)

눈 뜨기도 전에 걸려온 한 통의 전화. 전화가 오기엔 꽤 이른 시간이기에 불길한 예감이 뇌리를 스친다. 수화기를 들고 약 5분간 아무 말도 없이 듣기만 한다. 가슴이 두근두근거린다. 우리회사가 만든 광고물이 표절시비에 휘말렸다고 한다. 불이익이 있을 수도 있다고 한다. 심지어, 담당 광고주 실무자들도 문책이 불가피하다는 청천벽력 같은 말도 전한다. 이럴 때는 어떻게 대처해야 하는 것인지 배운 적이 없다. 사고는 예기치 않게 발생한다는 말을 들었지만 그게 나의 이야기가 되리라고 생각한 적은 없다. 심장 박동이 빨라진다. 지금 시간이면 곤하게 자고 있을 직원들의 얼굴이 떠오른다. 거짓말처럼 그 짧은 시간에 수많은 무수한 장면들이 주마등처럼 스쳐 지나간다. 창업하면서 생각을 너무 앞서 하는 버릇이 생겼다. 세상에 해결되지 않는 문제는 없다는 말도 있는데 말이다. 생각이 꼬리에 꼬리를 물고 머리 속에 시나리오가 A4 열 페이지를 넘어간다. 시계를 보니 고작 30분이 지났을 뿐이다. 작은 회사는 작은 일에도 '훅 간다'라는 말이 정말 맞나 하는 불길한 생각이 든다. 옷을 주섬주섬 걸쳐 입고, 면도를 하는 것도 잊은 채 차를 몰고 사무실로 직행한다. 회사와 관련된 일이니 고민도 회사에서 하는 것이 맞다.

두 번째 위기는 외부에서 닥쳐 왔다. 어느 정도 회사가 알려지고, 광고주의 신뢰를 받을 무렵, 워낙 많은 프로젝트들을 진행하다 보니, 모든 건이 다 순조로울 수는 없었다. 광고에서 저작권이란 매우 민감한 사안이다. 알게 모르게 수많은 모방이 이루어지기도 한다. 하지만, 원저작물을 훼손하거나 그대로 따라 하지 않는 이상 법적으로는 문제가 없다. 때로는 이미 제작한 광고물이 우연히 다른 곳에서 비슷한 시기에 기획되어 노출되는 사례도 있다. 특히나 우리처럼 전세계를 대상으로 노출되는 광고물은 사전에 그런 정황을 예측하기가 쉽지 않다. 그만큼 시비에 시달릴 수 있는 가능성이 많다는 것이다. 사전에 주의하여 모니터링(monitoring)을 한다 해도 백 퍼센트 방지할 수는 없는 셈이다. 이런 까닭에 우리가 제작한 광고물이 비록 법적인 문제는 발생하지 않았다 하더라도 누군가에 의해 문제가 제기되었다는 점 만으로도 주목을 받게 되는 것이다. 결국, 그 사안은 광고주의 최윗선까지 보고가 되었고, 예상보다 심각한 문제로 불거지게 되었다. 작은 회사이기 때문에 더더욱 이런 문제들이 큰 영향을 미칠 수 있다는 점도 깨닫게 되었다. 결과는 비공식적인 업무 중지였다. 청천벽력 같은 일이었다. 우산을 준비하지 않은 상태에서 소나기가 내렸으니, 피할 방법이 없었다. 당시 회사 매출의 상당부분을 차지하는 광고주였기에 타격은 매우 컸다. 회사의 분위기는 뒤숭숭했고, 나는 극도로 민감해졌으며, 미래를 비관한 동료 하나가 퇴사하기까지 했다.

하지만 위기는 기회라 했던가? 일이 없어졌는데 가만히 앉아 있을 수는 없었다. 그 기간 동안 비즈니스의 크기가 상대적으로 작아 소홀했던 타 광고주들에게 혼신의 힘을 다해 서비스하기 시작했다. 일의 규모가 작든 크든 마다하지 않았다. 전문성을 쌓기 위해 한 번도 해보지 못한 광고 건들을 일부러 수주하고 다녔다. 경쟁의 결과가 안 좋으면 패인을 분석하고 한 수 배운다는 생각을 가졌다. 내부적으로도 마찬가지였다. 인원의 양보다는 질을 높이기 위해 조직구조를 재정비했고, 실력있는 후배들을 특진시켜 동기부여를 극대화했다. 그리고, 더 적은 비용으로 좋은 퀄리티를 낼 수 있는 협력파트너를 찾기 위해 뛰어다녔다.

이러한 노력의 결과로 우리는 차츰 두각을 나타냈고, 레퍼런스(유관경력)를 쌓아갔다. 이 사건으로 우리는 사업의 안정성도 업무적 역량도 한층 더 강화할 수 있게 되었다.

> "만일 당신이 배를 만들고 싶다면,
> 사람들에게 목재를 가져오게 하거나,
> 일을 지시하고 일감을 나눠주는 일은 하지 마라.
> 대신 그들에게 저 넓고 끝없는 바다에 대한
> 동경심을 키워주라."
>
> 생텍쥐베리(『어린왕자』를 쓴 소설가)

2010년 여름. 여느 때 같으면 하반기 광고물량을 소화하기 위해 발이 닳도록 뛰어다녀야 하는 시기에, 나는 유럽의 정취를 느끼며 한가로이 캠퍼스를 거닐고 있다. 무려한 달 간에 걸친 해외과정 수업을 들으러 헬싱키에 와 있었던 것. 학창 시절에 해외 유학이나 연수를 경험하지 못한 나로서는 인생에서 처음 느껴보는 자유로움이다. 학생의 신분으로 수업을 듣고, 회사 후배들에게 업무적인 쓴소리를 하는 대신, 교수님으로부터 잔소리를 듣는다. 회사에 없는 동안 회사에서 벌어지는 일들을 보고받기 위해 항상 노트북을 켜 놓고 수업을 듣는다. 그런데도 이상하게 메일한 통 날아오지 않는다. 일이 없는 걸까? 광고 대행이 끊겼나? 사고가 났나? 온갖 잡생각을 막을 길이 없어 결국 전화를 손에 든다. 하지만 웬일인지 전화하는 족족 아무도 응답을 하지 않는다. 아니, 모두 통화중이다. 생각 날 때마다 전화를 해 보지만 계속 통화중이라는 신호만 나올 뿐이다. 불안한 마음에 잠시 강의를 듣고 있던 귀를 닫는다. 오래간만에 손가락이 불꽃처럼 움직이기 시작한다. 업무보고를 하라는 메일을 쓰고 있다. 한 오 분이나 지났을까. 이번에는 다섯 녀석한테서 동시에 메일이 쏟아진다. 약속이나 한 듯, 잘 돌아가고 있으니 신경쓰지 말고 공부나 하라는 메일이다. 거기까지 가서 웬 '참견질'을 하시냐는 농담 섞인 답문이다. 순간 머리 속에 여러 생각이 교차했다. 일에 지장이 있을까봐 지금껏 휴가도 한 번 가지 않는 나였다. 그런데 이런 그들의 반응은 대체 뭘 의미하는 걸까? 일이 너무 잘 되고 있으니 걱정하지 말라는 것인가? 지금까지 내가 이 녀석들을 너무 과소평가한 건가? 선배가 없어야 후배의 실력이 늘어난다는 게 역시 진리였나? 혹시 내가 없어도 일이 잘 돌아가는 것이면, 돌아가서도 예전처럼 영향력을 가지지 못 하는 건 아닌가? 아니, 일을 제대로 못 해서 할 일이 없는 건 아닐까? 별의별 생각이 다 들고 있는데, 갑자기 교수님이 질문을 던진다. 큰일이다. 거의 삼십 분 동안 아무 것도 듣지 못했는데……

쏟아지는 일을 쳐내기에도 벅찬 나날이었지만, 어느 날 큰 결심을 하게 되었다. 경영학 석사 학위 취득에 도전하기로 한 것이다. 보통 이런 종류의 학위는 직장 내 승진에 유리하게 활용한다거나, 더 좋은 곳으로 이직하는데 쓰인다지만, 내 경우는 해당사항이 없었다. 사실 이 상황에서 공부를 더 한다는 것은 사치라는 생각도 들었다. 그 시간에 차라리 일을 더 하는 게 바람직한 경영자의 모습이 아닌가 하는 생각도 해봤다. 당장 학위를 취득한다고 해서 실질적인 혜택이 오는 것이 아니기 때문이다. 하지만 좀 더 멀리 보기로 했다. 작은 회사였지만, 보다 큰 시각으로 경영을 해 나가기 위해서 내 자신의 기본적인 경영 지식이 부족하다는 생각이 절실했다. 뿐만 아니라, 대외적으로 나 자신의 백 그라운드를 좀 더 충실하게 보이고 싶은 욕구도 있었다. 비교적 젊은 나이에 회사의 대표이사를 하면서 직급이 높은 광고주 임원을 만나는 경우에 내 개인에 대한 신뢰를 높일 수 있을 거라 판단했다. 또한 회사 소개서를 보낼 때에는 학사 출신에, 유관경력 8년이 전부라는 것이 은근히 신경이 쓰이는 참이었다.

공부를 하기 위해서는 개인 시간을 내야 하기 때문에, 회사의 종업원으로 일할 때에는 상상도 할 수 없는 일이었지만, 이제는 다행히 누구의 눈치를 볼 필요도 없었다. 혼자 결정하면 언제든지 실행할 수 있는 상황이 된 것이다. 나중에 혹시 회사가 더 커지고 바빠지면 하고 싶어도 못 할 것이다. 그래! 바로 지금이 최선의 타이밍이었던 것이다.

주간 풀 타임을 할 상황은 아니었기에 평일 저녁과 주말에 시간을 내어 도전하기로 하였다. 6개월 간 아침시간을 이용해 학원을 다니며 입학 시험을 준비했다. 그리고 원서 접수에 필요한 수많은 문서를 준비해 나갔다. 네 개의 장문 에세이를 쓰는 데 3개월이 지나갔다. 그리고 당당히 합격했다. 주간과 주말에는 문제가 없었다. 평일 저녁 6시에 회사 문을 나가서 다섯 시간 동안 수업을 듣고, 10시가 되어 회사에 다시 돌아온다. 직원들의 반 수 정도는 남아서 야근을 하고 있으니, 피곤함도 잊은 채 밀린 일을 처리했다. 중요한 프레젠테이션이 있는 경우에는 주말 아침 여덟 시부터 저녁 여섯 시까지 수업을 듣고, 저녁 식사를 한 뒤 회사에 나갔다. 자리를 비웠지만 그간 벌어진 일들을 마무리하는 데에는 충분한 시간이었다. 문제는 한 달여 간 지속되는 해외 수업과정이었다. 그것도 한창 광고 성수기인 8월 달에 말이다. 보통 8월은 휴가철로 인식되고 있지만,

광고 대행사는 하반기에 진행될 캠페인을 위해 8월부터 본격적인 시동에 들어가게 된다. 그렇게 끊기지 않고 계속해서 일이 발생하는데 한 달 동안이나 회사를 비운다면 무슨 일이 벌어질지, 끔찍한 생각이 들었다.

한 달간의 꿈 같은 외유를 마치고 돌아오는 비행기 안에서부터, 회사가 그리워진다. 창업을 하고 달라진 건 회사가 '집' 같다라는 점이다. 누구에게는 아침마다 출근하는 것이 고역이겠지만, 나는 공식적으로 회사에 출근하면 안 되는 주말이 싫다. 그만큼 회사는 나의 홈 타운 같은 존재다. 그리고 그 '홈'에는 '자식들'이 있다. 후배들이다. 그들이 너무 보고 싶다. 공항에 내려 세워둔 차를 몰고 곧바로 압구정 사무실로 직행한다. 저녁 여덟 시쯤 되었나 보다. 벌써 날이 많이 짧아졌다. 8월이 그렇게 빨리 지나간 것이다. 사무실에 차를 대고 힘차게 회사 문을 열고 들어간다. 평소 같으면 다들 앉아서 일하고 있을 시간이다. 그런데, 의외로 아무도 없다. 헉…… 역시 사장이 없으니 다들 빨리 퇴근해서 데이트하러 간 걸까? 걱정하지 말라는 것은 허풍이고, 오는 일도 제대로 받지 못한 것은 아닐까? 여러 가지 생각들이 머리를 맴돈다. 잠시 주변을 돌아다 보았다. 이상하다. 모든 자리에 가방이 올려져 있는 것을 보니 다들 퇴근한 것은 아닌가 보다. 머리를 식히며 회의할 겸 자주 들르는 까페로 직행한다. 문을 열고 들어가는 순간 얼굴이 빨개지고 말았다. 거기 다 모여 있었다. 그리고 왈칵 눈물이 날 뻔했다. 얼마나 밤을 많이 샌 것인지, 누렇게 뜬 얼굴들을 하고, 내가 온 지도 모르고 열띤 토의를 하고 있는 여섯 명의 후배들이 바로 그 자리에 있었다.

"직원들은 직원들일 뿐이니 너무 믿지 말라."

소위 '사장님'들이라고 하는 사람들은 종종 나에게 이야기한다. 맞는 말일 수도 있다. 하지만 나는 그 상식을 깨고 싶다. 머리를 질끈 동여매고, 결연한 눈으로 회의를 진두 지휘하고 있는 서른 한 살의 고참 후배가 너무 고마웠다. 공부 잘 하는 학교는 선생님이 없어도 자율학습 시간에 면학 분위기가 만들어진다고 한다. 회사도 마찬가지다. 그들은 사장이 있든 없든, 누가 시키건 시키지 않건, 그들의 자존심을 걸고 일을 하고 있었다. 그리고 그 중심에 회사가 있다. 오랜 동안 업무 보고를 받지 않았지만, 쌓여 있는 수백 통의 이메일을 하나하나 보면서 나의 걱정이 모두 기우였음을 알게 되었다. 큰 프로젝트를 두 번이나 따냈다는 것도 그제서야 알았다. 그것도 광고주로부터 좋은 평가까지 받으면서 말이다. 그 자리에서 잘했다는 말을 건넬 수는 없었다. 그런 말 한 마디로 그들의 노고를 다 치하할 수 없었기 때문이다. 가슴 속에서 뜨거운 눈물이 흘렀지만 침착하게 업무보고를 받고 일어났다. 오히려, 그 자리에서 나는 빨리 자리를 비켜 주고, 집에 들어가 짐을 풀고 다음 날을 준비하는 것이 그들을 도와주는 일이었다.

## "누구나 넘어지지만,
## 문제는 얼마나 빨리 일어나느냐 하는 것이다."
**어느 카레이서의 승리소감**

광고주가 요즘 우리가 너무 바빠서 일을 더 할 수 있겠냐며 우스갯소리를 한다. 사실 한꺼번에 복수의 프로젝트를 수주하여 직원들도 거의 한계에 부딪친 모습이다. 퇴근할 무렵에 우리의 인사는 '내일 봅시다'가 아니라 '집에 잠깐 다녀 오겠습니다'라고 바뀐 지 이주일 쯤 된 것 같다. 별을 보며 출근해서 별을 보며 퇴근하는 것이 아니라, 해를 보며 출근해서 해를 보며 퇴근하는 일상이다. 좌충우돌하면서 힘든 3년차를 보내고 나니 어느새 우리는 핵심 고객사에서 1년에 가장 많은 일을 수주하는 협력 업체 중 하나로 인정받게 되었다. 지난 3년간 우리는 국내 굴지의 전자회사에서 전세계를 타겟으로 출시되는 수많은 제품들의 광고물을 기획했다. 이제 우리가 만든 작품들을 유튜브(Youtube)에서 어렵지 않게 검색할 수 있게 된 것이다. 유럽과 중동, 중남미에 이르기까지, 우리가 제작한 광고가 전파를 타고, 제품이 인기몰이를 하고 있다. 모 제약회사의 신제품 마케팅커뮤니케이션 전략을 수립하고 공중파 TV광고를 런칭하여 출시 1년만에 업계 2위의 자리에 오르는 쾌거를 이루어내기도 했다. 이제는 구차하게 회사 소개를 하기 위해 자료를 긁어 모으지 않아도 성공적으로 진행했던 캠페인 레퍼런스만 보여 주는 것으로 신규 광고주의 신뢰를 얻을 수 있게 되었다.

12평 오피스텔에서 세 명이 함께 시작한지 3년이 지난 지금, 우리는 강남 한복판에서도 가장 '핫' 하다는 거리에 예쁜 인테리어로 꾸민 사무실에 둥지를 틀었다. 식구도 많이 늘었고, 누적이익도 여느 회사 부럽지 않은 규모의 기획전문대행사로 성장해 있다. 문득 6개월만에 포기하고 다시 컴백하지 않으면 손에 장을 지진다고 했던 선배가 생각났다. 이 참에 전화라도 한 번 해봐야 할 것 같다. 자칫하면 이미 장을 지졌을지도 모르는 일인데 큰일이다.

기대만큼 불안감도 있다. 광고 업종 자체가 없어지진 않겠지만, 똑똑하고 패기있는 젊은 세대들이 그야말로 맨 주먹으로 창업하여 성공을 이루기에 가장 적합한 업종이기 때문이다. 심지어 내 옆에서 열심히 근무하고 있는 후배들도 내가 그랬듯이, 언젠가는 경쟁자가 될 수도 있다는 사실을 깨달으니 간담이 서늘해진다. 하지만 상관없다. 오히려 그렇게 되면 더 재미있어질 것이다. 광고는 재미 있는 일이다. 소위 '을' 역할을 하는 여러 직종 가운데서도 광고가 특히 재미있는 것은 무언가를 창조적으로 기획하는 일이기 때문이며, 치열한 경쟁을 즐길 수 있기 때문이다.

여느 때 같으면 토막 잠을 즐길 시간에 이런 저런 생각을 하느라 어느덧 사무실에 복귀할 시간이 다가온다. 오늘 PT는 왠지 느낌이 좋다. 두통이 몰려오기 시작하지만, 오늘만큼은 타이레놀 한 알이면 버틸 것 같다. 지난 생일에 후배 한 놈이 생일 선물이라고 타이레놀 12박스를 포장하여 갖다 주었다. 발상 자체가 기특하고 이뻤다. 생각해보니 이번 주에는 집에 두 번밖에 가지 못 했다. 하루에 20시간을 일하는 고달픈 한 주였지만, 덕분에 팀원들의 미처 몰랐던 가능성을 발견하고, 서로 더 돈독해지는 것을 보아 기분이 좋다. 사무실에 도착하여 직원들이 모여 있다는 까페로 직행했다. 밤샘은 언제 했냐는 듯 다들 생기가 돈다.

후배들이 재잘거리는 소리가 봄날의 새 소리만큼이나 정겹다. 커피 타임을 가지며 진담 반 농담 반으로 약속을 했다. 올해 말에는 3년 롱런 기념으로 다 같이 해외 워크샵을 가자고. 한 녀석이 겨울이니 따뜻한 남쪽 나라에서 온천에 스키를 즐기면 어떨까 하는 뻔한 아이디어를 냈다. 갑자기 피곤에 절어 있던 녀석들의 눈에서 생기가 돌면서 다시금 '브레인 스토밍' 모드로 진입한다. 직업병이다. 아뿔사. 어떤 녀석은 바다와 사막이 만나는 아랍으로 가잔다. 바다와 사막이 만나는 게 어떤 의미를 지니는지, 우리가 왜 거기로 가야 하는지 등을 두고 열을 올리며 설득 중이다. 진정 에스키모한테 에어컨 팔 녀석들이다.

**?**

## 창업은 월급쟁이의 운명

 필자가 수학했던 핀란드는 노키아라는 기업으로 더 유명하다. 전국민의 사랑을 받는 '국민기업'이 최근 어려워지면서 국가전체의 앞날에 대해 우려하는 목소리도 커졌다고 한다. 하지만 직접 가서 본 그 곳은 듣던 것과 정반대였다. 국가를 먹여 살리던 기업이 위기를 겪고 있고, 종사자들의 구조조정이 벌어지고 있는 나라라고는 생각할 수 없었다. 취업전선이 창업전선으로 이동하면서 활기가 넘쳤다. 수많은 젊은이들이 창업전선에 뛰어들어 불꽃튀는 아이디어로 투자자들을 모으는 모습에 깊은 감명을 받았다. 그들은 개인 혹은 팀을 이루어 아이디어를 개발하고, 학교에서 운영하는 창업센터에서 공개프레젠테이션을 한다. 소위 '스타트업 위크'(Start-up Week)라고 불리는 정례적인 행사에는 국내외의 다양한 투자자들이 몰려 학생들의 아이디어를 경청하고 심지어 그 자리에서 투자를 결심하기도 한다. 개인경쟁력에 기반한 소기업창업 붐으로 인해 오히려 전화위복을 하게 된 사례에 속한다.

대한민국에도 유례 없는 실업난이 가중되고 있다. 사실 구직난은 필자가 대학을 졸업하는 해에도 심했다. 어쩌면 영원히 해결되지 않는 문제일지도 모른다. 능력있는 취업지망생은 직장을 골라서 간다는 것도 예나 지금이나 변함이 없다. 취업을 못했다고 해서 능력이 없는 것은 아니다. 모든 젊은이들이 한정된 자리를 차지하려고 하다 보니 경쟁이 과열될 수 밖에 없을 뿐. 정부에서 '청년창업지원'이라는 프로그램을 만들어 운용중이지만, 실제로 얼마나 수혜를 입는지는 불명확하다는 이야기를 들었다. 필자는 우리나라의 취업준비생들이 이런 점을 놓치지 않았으면 한다. 그와 같은 수혜를 받는 사람들이 주변에 있다는 점을 말이다. 누군가는 혜택을 입는데, 세금을 내면서 남의 일로 방관하고 있지는 않은가? 국가적인 지원이 없었던 시절에도 진취적인 젊은이들은 도전하여 본인의 목표를 쟁취했다. 하물며 국가차원의 창업지원까지 나오고 있는 지금, 한 번쯤 자신을 돌아볼 것을 권유한다.

Part 1에서 언급한 바와 같이, 모든 월급쟁이의 최종목표는 창업이 되어야 한다. 평생을 남의 일만 해주다 마감하고 싶은 사람은 없을 것이다. 대부분의 경우, 기업에서 퇴출되는 사람은 뭘 잘못해서가 아니라 특별히 잘하는 것이 없기 때문이다. 본인이 회사에 제공한 노동의 대가가 '월급' 뿐이라는 생각은 곤란하다. 열심히 일함으로써 회사의 가치창출에 일조하는 한편, 그로 인해 얻은 경험과 실력으로 자신만의 비즈니스를 구상해야 한다.

물론, 대학을 졸업하자마자 창업하는 사람은 드물다. 대다수의 사람들이 사회생활의 첫출발을 직장에 취업하는 것으로 시작한다. 바쁜 일상과 조직생활, 그리고 조직 내에서 한 계단씩 올라가다 보면 몇 년은 금세 흘러간다. 때로는 능력을 인정받아 더 좋은 직장으로 이직하기도 한다. 그러면서 창업은 먼 훗날 이야기라며 스스로 마음을 닫는다. 즉, 취업을 하게 되면 현실에 안주하기 쉽다는 것이다. 현실에 안주하지 않으려면, 직장에 들어가더라도 창업마인드를 잃지 말아야 한다. 창업마인드를 가진 사람과, 가지지 않은 사람은 직장생활의 '질'에도 큰 차이가 있다. 창업마인드를 가진 사람에게 직장은 단지 '돈'을 벌기 위한 수단이 아니다. 자기사업을 하고자 하는 생각을 가진 사람에게, 상사가 시키는 업무만 하는 것은 시간낭비로 여겨진다. 소위 '오너마인드'가 있는 사람에게는 직장에서의 일이 더 이상 노동이 아니며, 그런 사람들이 있는 조직이어야 개인과 회사가 모두 발전한다. '오너마인드'가 있는 사람에게는 창업의 순간이 더 빨리 온다. 기회는 무수히 많다. 다만 그 기회는 공중에 흩어져 있기 때문에 아무에게나 보이지 않는다. 생각하고 고민하는 사람만이 그 기회를 잡는 것이다.

창업은 특별한 사람만 하는 것이 아니다. 평범한 직장에서 근무하던 필자는 비교적 젊은 나이에 창업을 경험했다. '자본'이라고 불리는 경제적 기반도 없었다. 중요한 것은 마음가짐이다. 내가 종사하는 업종에 대한 세밀한 관찰, 그리고 의욕과 열정이 핵심이다. 필자는 현 직무에 충실하면서도 창업에 대한 끈을 놓지 않다 보니, 어느새인가 기회를 만나고 창업에 성공할 수 있었다. 만일 필자가 창업 전에 겪었던 것과 유사한 경험을 하고 있는 독자가 있다면, 다음에서 제안하게 될 10가지 창업지침을 면밀히 참고하기 바란다. 여러분이 광고업에 종사하든 아니든 중요치 않다. 사회진출을 앞둔 대학생 및 사회초년생들이라면, 남보다 빨리 마음의 준비를 할 수 있는 계기가 될 것이다.

또한, 창업을 목전에 두었거나 창업한지 얼마 안된 독자라면 실질적인 공감대를 이루는 이야기일 것이다.

# 1
## 창업의 목적을 분명히 하라

어떤 일이든 목적이 확실하지 않으면 앞으로 나아가기 힘들다. 특히 창업은 인생의 중대사기 때문에 확고한 목표의식이 없다면 시도하기 쉽지 않다. 창업할 생각이 있으면서도 현실로 옮기지 못하는 사람은 두 부류다. 하나는 '말만 앞서는 형'이다. 언젠가 내 사업을 해야지 하면서도 실질적인 행동으로 옮기지 못하는 부류다. 뚜렷한 아이템을 찾을 때까지 미룬다는 사람들도 마찬가지다. 이런 사람들은 추후에 창업의 기회가 와도 우물쭈물하거나 실기할 가능성이 크다. 다른 하나는 '현실도피형'이다. 직장생활에 대한 불만, 조직사회에 대한 염증으로 인해, 창업을 탈출구로 여기는 부류다. 쉽게 말해, 전략없이 창업하는 경우가 이에 해당한다. 이런 경우에는 창업을 위한 경제적인 기반이 갖추어졌다고 해도 실제 창업 시 어려움을 겪을 가능성이 크다.

창업의 극적인 순간은 준비하는 사람에게만 온다. 확고한 의지를 바탕으로 구체적인 계획을 세워서 접근해야 한다. 왜 창업을 원하는가? 자아실현? 경제적 부? 명예? 단순히 남의 밑에서 일하기 싫어서? 뭐가 되었든 확실한 목적이 있는 것이 낫다. 혹시 창업에 대한 환상을 가지고 있지는 않은가? 인테리어가 잘 갖추어진 사장실에 앉아서 신문을 보고, 출퇴근 시간에 구애받지 않는 모습은 드라마에서나 나오는 이야기다. 현실은 다르다. 엄청난 스트레스와 함께 하루를 시작하여 녹초가 되어 귀가한다. 특히 창업초반에는 각오해야 한다. 종업원이 많다고 해서 해결될 일이 아니다. 전체를 조망하고 조직을 관리하는 일은, 혼자 업무를 할 때와 비교하여 배 이상의 노력이 든다. 게으름을 피운다고 해서 누가 질책하지는 않겠지만 그 책임은 온전히 자신의 것이다. 누가 보든 안 보든 내가 하지 않으면 아무도 안 한다는 생각으로 임해야 한다.

고객 앞에서 자존심을 굽혀야 할 일도 생길 것이다. 하지만 그런 것들을 이겨내고 자신을 지탱해주는 것은 '내 사업을 한다'는 동기부여(Motivation)다. 자기사업에서만큼은 노력은 절대 배신하지 않는다는 심정으로 자신만의 창업 철학을 확립해야 한다. 이른 창업에는 반대가 따르기 마련인데, 확고한 철학이 있어야 그런 말에도 흔들리지 않게 된다.

직장을 다니고 있다면, 창업 시까지 현재 업무에 더욱 충실해야 한다. 창업은 본인뿐 아니라 가족과 지인들에게도 영향을 미친다. 따라서 내가 남들보다 더 잘할 수 있는 것이 무엇인지, 그리고 현재 조직에서 극복해야 할 것은 무엇인지에 대해 세심하게 고민해야 한다. 그래야 더 충만하고 자기주도적인 직장생활을 할 수 있다. 준비를 갖추고 기다리다 보면 기회가 왔을 때 놓치지 않게 된다. 구체적으로 어떻게 준비를 갖춰나가야 하는지는 이후에 더 자세히 소개하기로 하겠다.

## 2
## 창업아이템은 자신이 속한 분야에서 찾아라

의외로 많은 사람들이 자신이 종사하고 있는 업종과 다른 분야에서 창업을 고려한다. 수많은 사무직 종사자들이 명예퇴직 후 치킨집이나 식당 같은 요식업에 뛰어드는 것이나, 연예인들이 자신의 이름만 걸고 창업하는 사례가 그 것이다. 이런 경우 창업에 성공하는 경우는 드물다고 한다. 당연한 결과다. 창업을 부업으로 생각하는 순간 그 가능성은 이미 낮아진 것이기 때문이다.

요식업을 하려면 본인이 요리사가 되어야 한다. 그것도 아주 경쟁력 있는 요리사말이다. 그런데, 요리사를 고용하면 본인은 관리인밖에 되지 않는다. 핵심역량을 남한테 쥐어주는 것 자체가 성공의 가능성을 낮추는 것이다. 남의 힘을 빌어 한 창업은 오래가지 못한다. 창업아이템은 전문성에서 나오고 그 전문성은 부단한 자기경쟁력 강화에서 나오는 것이다. 본인이 자신있는 분야에 뛰어들어야 실패의 가능성을 낮출뿐더러, 초기 투자비용을 최소화하고 수익률을 극대화할 수 있다.

"별다른 아이디어 없이 굳은 각오만으로 시작한 사업은 대부분 비슷한 경쟁자를 만나게 된다."

'하버드 창업가이드'의 저자인 '아마 하이드'가 한 말이다. 창업에 대한 꿈이 있어도 아이템이 없다고 푸념하는 사람이 있다. 남들이 손대지 않은 아이템을 쉽게 잡을 수 있다면 누구든 창업전선에 뛰어들지 않겠는가? 그래서 자신이 속한 분야와 그 안에서의 본인의 경쟁력을 먼저 따져보라는 것이다. 특히 한 분야에 오랜 시간동안 몸담았다면 더 유리하다. 반대로, 적은 경력을 가지고 있다면 본인이 창업에 필요한 덕목을 갖추기 위해 부단히 노력해야 할 것이다. 앞서 말했듯이, 현재 종사하는 직장에서 오너마인드를 가지고 최선을 다해서 인정받는 것이 바로 그것이다. 필자의 경우, 광고업이라는 산업에 대한 다년간의 관찰을 통해 자연스럽게 틈새시장을 발견할 수 있었다.

중소기업의 일반적인 전략은 합리적 비용으로 합리적 수준의 제품과 서비스를 제공하는 것이다. 하지만 그 수준에 머물러서는 앞서갈 수 없다. 합리적 비용으로 고객의 니즈(needs)를 뛰어넘는 결과물을 내놓을 수 있다면 반드시 성공한다. 그것은 전문성에서 나온다. 설사 노력하지 않아도 일감을 몰아주는 확실한 고정고객을 가지고 창업한다면 더 조심해야 한다. 언젠가는 밑천이 떨어지게 될 테니 말이다. 소수의 치열한 경쟁자가 있는 시장은 오히려 득이 된다. 필자의 경우에도 매년 유수한 몇 개의 경쟁자들과 피말리는 경쟁을 하면서 서로가 발전해가는 모습을 보았다.

# 3
# 창업의 계획과 절차를 구체화하라

　창업은 타이밍을 잘 잡아야 한다. 보이지 않는 기회가 언제 손을 내밀지 모르기 때문에 항상 준비태세를 갖추고 있어야 놓치지 않는다. 치밀한 계획을 세우는 것은 창업의 첫걸음이다. 보통, 신제품을 출시할 때의 절차를 떠올려보라. 시제품(prototype)을 만들어 시장반응조사를 실시한다. 개인도 마찬가지다. 본인을 시장에 내놓는다고 생각하고 잠재고객을 비롯한 많은 사람들의 이야기를 듣고 종합적인 시각으로 판단해야 한다. 부정적인 반응이라면 그것을 극복하기 위한 대책을 수립할 수 있다. 그러면서 창업 이후 생길 수 있는 예측가능한 리스크에 대응할 수 있는 전략수립이 가능해진다.

　계획의 다음 단계는 최대한 실천적인 준비를 시작하는

것이다. 막연하게 생각하면 더딜 수밖에 없다. 사업자등록증을 받는 절차부터, 필요한 장비 및 직원은 물론, 자본금의 납입, 사업장의 임차, 세무와 법무 문제 등 구체적인 절차를 숙지하자. 구체적일수록 창업을 현실화할 수 있는 가능성이 커진다.

앞서 Part 1에서 소개했듯이, 필자의 경우 창업의 순간을 앞당겨준 것은 바로 '브릿지'였다. 브릿지란 일종의 워밍업(Warm up) 개념으로 '창업연습'이라고도 할 수 있겠다. 특히 필자와 같이 대기업에서 경력을 쌓고 있다면, 보다 작은 조직에서 사업전반의 경험을 두루두루 해볼 수 있는 기회를 가지는 것도 나쁘지 않다. 브릿지를 가지면 유리한 점을 몇 가지 소개하고자 한다.

첫째, 기업을 설립, 운영하는 법률, 세무 지식을 실제로 체험할 수 있다.

둘째, 창업에 필요한 자금을 퇴직금과 월급으로 단기간에 조달할 수 있다.

셋째, 창업할 기업의 비전과 전략을 구상할 수 있는 시간을 확보할 수 있다.

넷째, 시스템에서 벗어났을 때 얼마만큼의 능력을 발휘할 수 있는 지 미리 체험할 수 있다.

다섯째, 창업 이후 겪을 급격한 변화의 스트레스의 완충 역할을 제공받을 수 있다.

이외에도 '브릿지'는 많은 장점이 있다. 특히, '오너마인드'를 체득할 수 있다는 것은 최고의 장점이다. 규모에 상관없이 한 기업의 '오너'는 '종업원들'이 생각하지 못하는 다각적인 시각을 가지고 있다. 따라서, 오너와 가까이 지냄으로써 그들의 인사이트를 직접 접할 수 있는 것이 큰 수확이다. 다만 브릿지로 삼고자 하는 회사가 자신이 목표로 하는 시장에서 경쟁자의 위치에 있다면 주의해야 한다. 그런 경우에는 목표 시장 내에서의 목표고객을 세분화함으로써 피할 수 있다.

# 4
# 동업은 신중하게 결정하라

  가장 복잡하고 민감한 사안이다. 혼자의 힘으로 창업하면 가장 좋겠지만, 다른 사람과 같이 시작하는 것은 그만큼 위험을 줄여준다. 그래서 많은 창업자들이 동업으로 시작한다. 동업은 창업으로 인해 생기는 리스크를 분산시켜주고 자금 확보에 용이하다. 무엇보다도 홀로 고군분투하면서 생기게 될 외로움을 극복하는 효과도 있다. 반면에, 동업으로 시작한 사업이 오래 지속되지 않는다는 통설도 있다. 실패로 끝나는 동업이 되지 않기 위해 짚어봐야 할 사항들을 소개하고자 한다.

  동업을 결정했다면 가장 먼저 해야 할 것이 분쟁요소를 미연에 방지하는 일이다. 공식적인 절차로는 정관작성이 있다. 정관이란 사업체를 설립함에 있어서 구체적인 조직과 활동을 서면으로 명기한 것을 말한다. 정관은 향후 사업을 해 나가는데 있어 '교범'의 역할을 하며, 법적분쟁이 있을 시 해결의 기준이 되기도 한다. 동업으로 창업했다면 동업자간의 정관 작성시 책임과 의무를 분명하게 하자. 시작할 때에는 의기투합되어 훗날의 문제는 생각할 겨를도 없지만, 추후 사업이 궤도에 오르게 되면 반드시 의견차이가 생긴다. 쉽게 말해, 돈을 벌기 전에는 없었던 마찰이, 돈을 벌고 난 이후 생길 수 있다는 것이다. 특히, 동업자가 서로 역할이 겹치는 직무를 수행한다면 문제가 발생할 확률이 크다.

이런 문제를 미연에 방지하기 위한 최선의 방법은 본인과 동업자의 전문성을 달리하는 것이다. 전문성이 다르면 서로의 권한과 책임을 분명히 할 수 있다. 필자의 경우 창업초기 동업자와 광고기획 실무 및 관리직무를 명확히 나눔으로써 효과적인 동업체제를 유지할 수 있었다. 동업자와 같은 직무를 수행하는 것이 불가피하게 예상될 경우, 비슷한 업무를 수행하는 외부의 사업체와 제휴를 맺는 것도 방법이다. 광고업종은 특히 동업이 많은데 그 예후가 안 좋은 경우를 적잖이 보았다. 대부분 수익분할에 의한 다툼보다는 서로의 권리와 의무를 객관적으로 명시하지 않아서 생기는 다툼이다. 동업을 하다 보면 항상 '나만 고생한다' 라는 생각을 떨칠 수 없기 때문이다.

동업은 사업뿐 아니라 인간관계에도 평생 영향을 미치는 것이니만큼 절대 신중해야 한다. 서로간의 부족한 점을 채워주기 위한 전략적인 동업이라면 역할 및 분배관계를 확실히 해두기를 권한다. 참고로, 공동대표 제도는 서로의 책임을 분산시키는 효과가 있으며, 별도의 어카운트(account)를 만들어서 관리하거나 동업 상호간의 인센티브 기준을 구체화하는 것도 방법이다.

# 5
# 건전한 사업가들과 가까이 지내라

창업 전에는 되도록 많은 사람들에게 조언을 받는 것이 좋다. 창업에 실패한 사람이나 성공한 사람들 모두의 경험을 중립적인 시각에서 경청하는 것이 필요하다. 다만, 뚜렷한 창업목표와 철학이 있어야 어떤 이야기를 듣던지 피가 되고 살이 된다. 그렇지 않으면 마음이 흔들려서 창업으로 가는 기간이 오래 걸릴 수 있다.

창업을 하게 되면 다양한 유관업계의 사람들과 조우하게 된다. 상생관계에 있는 파트너뿐 아니라 경쟁관계에 있는 다양한 주체들과 맞닥뜨리게 된다. 이들은 시간이 흐르면서 자연스럽게 크게 세 가지 부류로 나뉘어지게 된다. 내 사업에 도움을 줄 사람, 내가 도움을 주어야 할 사람, 마지막으로, 내게 피해를 끼칠 사람이다. 대부분의 경우

아무 영향이 없는 사람이라면 사업적인 관계가 없다고 본다. 사업체를 운영하는 리더의 입장에서 이런 세 가지 부류와의 관계를 정확하게 정리하지 못하면 어려움을 겪기 쉽다.

개인이 아닌 조직의 대표로서 인맥관리는 매우 중요한 일 중 하나이다. 최우선적으로, 누가 내게 도움을 줄 사람인지 명확히 판단하자. 때로는 경험이 부족한 데서 기인하는 어리숙함을 이용해 이득을 남기려는 사람들도 있다는 것을 명심하자. 그런 사람들은 대체로 친절하게 다가오는 경우가 많다. 창업으로 인한 스트레스 때문에 감성적인 판단을 하지 않도록 주의한다. 필자의 경우 회사가 궤도에 오르고 안정적인 수익을 창출하게 되자 명분없는 도움을 바라는 사람들이 하나 둘씩 생기게 되었다. 다행히 심각한 손해는 보지는 않았으나 당시의 경험으로 인해 공적인 인간관계에 대한 불신감이 생기는 건 피할 수 없었다.

또 하나, 창업 이후에는 소위 '불건전한 경영을 통해 실패한 사람들'의 이야기에 귀 기울이는 것을 피해야 한다. 성공하는 사람과 가까이 하면 긍정적인 기운을 얻게 되지만, 실패하는 사람과 가까이 하면 그 반대의 결과를 초래한다. 창업의 핵심은 '마인드 컨트롤'인데, 부정적인 것들은 도움이 안 된다. 주변에 건실하게 창업에 성공하여 건전한 사업을 영위하는 사업가들과 가까이 할 것을 권한다. 때로는 성공한 이들의 창업수기를 읽는 것도 좋다. 성공하는 과정에서의 다양한 사례와 경험을 단기간에 체득할 수 있으니 말이다.

# 6
## 끊임 없이 R&D에 매진하라

앞서 언급했던 '식당창업과 요리사' 에피소드를 기억하는가? 특히 소기업 창업에 있어서는, 자신만이 가진 핵심역량의 중요성은 아무리 강조해도 지나치지 않다. 핵심역량이란, 타사업체와 비교해서 경쟁우위에 설 수 있는 능력을 말한다. '마케팅 불변의 법칙'의 저자 '알 리스'는 그의 저서에서 "무슨 일이 있어도 2인자가 되는 것을 피하라"라고 역설했다. 2인자가 되지 않기 위해서는 핵심역량에 입각한 차별화가 필수다. 과거에는 기술력 하나로 대기업 부럽지 않은 성공을 이루는 제조업체들의 성공케이스에 관심이 쏟아졌다. 최근에는 디지털 열풍으로 인해 소프트웨어 기술력을 가진 젊은 창업자들이 두각을 나타내기도 한다. 그렇다면 제조기술이나 소프트웨어를 제외한 일반 서비스업의 경우는 어떤가? 필자와 같이 서비스업을 창업목표로 하는 사람들은 어떻게 자신만의 핵심역량을 확보할 수 있는가?

필자는 업태를 막론하고 R&D의 필요성을 주장한다. R&D는 'Research & Development'의 약자로 연구개발을 뜻한다. 이 용어는 주로 제조업에서 많이 쓰이지만, 서비스업에서도 반드시 필요한 개념이다. 특히 규모가 작은 영세업체일수록 이 개념의 중요성을 간과해서는 안 된다. R&D가 꼭 대규모 설비를 필요로 하는 것은 아니다. 서비스를 다루는 소기업이라면 '서비스' 품질을 높이는 것이 관건이다. 서비스 품질을 높이기 위해 R&D해야 할 대상 중 하나는 바로 맨 파워이다. 경영자가 본인 스스로의 맨 파워를 키우는 것은 당연한 일이다. 그 이후에는 조직 전체의 맨 파워를 키우는 것이 숙제다. 경영학에서 맨 파워는 유동자산에 속한다. 서비스업의 경우 이 유동자산이 고정자산에 비해 월등히 높기 때문에, 사람의 능력을 계발하고 유지하는 것이 곧 R&D의 핵심이 된다.

서비스업의 경영자라면 본인과 조직의 맨 파워를 키우고, 유지하는데 노력을 아끼지 말아야 할 것이다. 가능성이 있는 인력들을 영입하고, 이들이 최상의 컨디션으로 일할 수 있게 동기부여 하는데 매진해야 한다. 직원들이 어느 정도 역량을 쌓았다면, 그 지식을 공유하고 자산화함으로써 '핵심역량'을 가시화시키는 작업은 필수적이다. 눈에 보이지 않는 '사람의 경쟁력'을 키우는 일은 결코 쉬운 일이 아니지만, 그 효과가 나타날 때쯤이면 사업은 성공궤도에 올라가 있을 것이다. 그래서 사업초기에는 눈에 보이는 투자보다는 기업의 근간(back Bone)이 되는 맨 파워에 투자하기를 권유한다. 이에 대해서는 다음 장에서 보다 구체적으로 언급하도록 하겠다.

# 7
# 사람을 관리하는데 온 힘을 쏟아라

하워드 슐츠는 "사람은 존경과 품위로 대하고, 기업은 가치관과 원칙으로 운영해야 한다"고 했다. 창업자는 자연스럽게 조직의 리더가 된다. 리더십에 대한 수많은 이론과 강의, 저서가 있지만, 그 결론은 한결같다. 바로 '사람은 서로 다르고, 변하지 않는다' 라는 것이다. 필자가 수학한 MBA의 HRM(Human Resource Management: 인적자원관리) 교수님께서 해 주셨던 그 말씀이 창업 후의 나의 모토가 되었다. 리더십이란 이론적으로는 쉽지만, 실천하기 가장 어려운 요소다. 기업의 리더가 매사에 솔선수범하고 직원들의 사기진작에 많은 노력을 하는 회사들이 성공하는 것을 보아 왔다. 반면에 눈앞의 수익을 앞세워 양질의 인력을 놓쳐서 그로 인해 어려움을 겪고 있는 회사들도 있다.

리더의 기본적인 덕목은 권위다. 단, 그것이 단지 눈에 보이는 권위라면 곤란하다. 영향력을 줄 수 있는 권위여야 한다. 기업이 발전하기 위해서는, 리더가 확고한 정체성과 비전을 공유해야 하는데, 권위만으로는 실행하기 어렵다. 억지로 주입시키지 않아도, 조직의 구성원들이 자발적으로 동참하고 필요성을 공감하기 위해 리더는 끊임없는 영향력을 발휘해야 한다. 필자가 보아온 소기업의 리더들은 보통 외롭다는 말을 자주 한다. 혼자서만 고민하고, 희생하며 산다고 푸념을 늘어놓는다. 그럴수록 스스로를 냉철하게 돌아다볼 필요가 있다. 본인의 영향력이 조직원들에게 세세하게, 그리고 긍정적으로 미치고 있는지 자문해볼 일이다. 스스로를 조직원과 떨어져 있는 '고용자'로 전락시키고 있는 것은 아닌지도 냉철히 생각해보아야 한다. 직원 위에 군림할 뿐, 자발적인 팔로워십(Followership)을 이끌어내고 있지 못하다면 리더십을 처음부터 다시 공부해야 한다.

영향력 있는 리더는, 소통의 장을 일부러 만들지 않아도, 직원들과 한 몸이 된다. 그 영향력은 솔선수범이라는 덕목에서 나온다. 리더가 구성원과 함께 전장에 나가 싸우고, 같이 밥을 먹고, 같이 자는 모습을 보일 때, 조직원들은 리더를 믿고 회사의 비전을 스스로 받아들이게 된다. 많은 소기업이 수익극대화에 매달리면서, 정체성과 비전을 세워 조직원들과 공유하는 경우는 극히 드물다. 창업초기 기업의 가치는 창업주의 생각과 일치한다는 사실을 깨닫고 진정한 리더가 되기 위해 고민해야 한다.

작은 기업일수록 '식구'를 맞아들이고 떠나 보내는 것에 익숙하다. 고용시장은 불안정하지만 양질의 인력은 언제나 이동할 수 있는 기회가 있다. 그리고 그 피해는 대기업보다는 주로 소기업이 겪는 경우가 많다. 특히 중소기업은 바로 업무에 투여할 수 있는 경력직을 원하기 때문에 그만큼 이직률도 높은 것이 통념이다. 그렇기에, 소기업의 가장 큰 현안이자 과제는 '양질'의 인력확보다. 작은 조직일수록 업무에 능숙한 경력사원의 역할은 크다. 그래서 그들의 기대감은 클 수밖에 없고, 또 다른 이직의 결정을 내리는 것 또한 오래 걸리지 않는다. 능력있는 경력사원이 이직하게 되면 그 타격은 매우 크다. 그래서, 멀리 내다보는 기업가라면 초기에 다소 힘들더라도 신입직을 키울 것을 권유한다. 필자의 경우, 일정기간의 교육을 통해 실전에 투입할 수 있도록 신입직 상비군을 항상 준비해옴으로

써 조직의 안정성 유지와 업무성과라는 두 마리 토끼를 잡았다.

# 8
# 눈앞의 이익만을 좇지 말라

창업에 성공하여 사장이 되면 가장 먼저 '장부' 보는 재미에 빠진다고 한다. 본인이 고생하고 일한 만큼 그 대가가 눈에 보이기 시작하니, 장부 보는 것이야말로 진정한 '사업하는 재미'라고 말하는 사장님들을 많이 본다. 작은 기업일수록 오너가 직접 장부를 관리하는 게 보편적이다. '남'을 믿을 수 없다는 것도 이유 중 하나다. 하지만 과연 그게 옳은 것일까? 그런 사람들은 본인이 전장을 지휘하는 사령관인지, 아니면 후방을 지원하는 관리인인지 스스로에게 자문해볼 필요가 있다.

창업초기에 장부만 들여다보고 있으면 스스로를 가두게 된다. 물론, 부푼 꿈을 안고 출발한 사업인 만큼 수익을 극대화하는데 관심이 쏠리지 않을 수 없다. 하지만 얼마 가지 않아 냉혹한 현실에 부딪히게 된다. 수익성이 안 좋아지면 가장 먼저 장부의 기록된 예산을 줄이고, 과감한 투자가 필요해 보이는 기회를 외면하게 된다. 도전정신을 잃게 되면, 결과적으로 기업이 위기를 극복하고 지속적인 발전으로 나아가는 모멘텀(Momentum: 동력)을 실기하게 된다.

필자가 생각하는 CEO의 최대 덕목은 '오로지 돈을 벌 궁리를 하라' 이다. 창업초기라면 더더욱 그렇다. 눈 앞에 이익과 손해에 얽매여 스스로의 한계를 극복하는 것을 포기하는 것이 안타깝다. CEO가 '돈 벌 궁리' 대신에 '돈을 관리할 궁리' 에 빠지는 순간 기업은 발전을 포기하는 것과 다름없다. 대기업은 오너가 아니라 따로 CFO(재무담당최고책임자) 및 경리부서를 두고 장부를 관리한다. 필자가 생각하기에는, CEO로 하여금 도전정신을 가지고 돈 벌 기회를 적극적으로 찾아 나서게 하기 위한 제도가 아닐까 한다. 전장의 최고사령관과 후방지원 부대장이 상호 균형을 유지하면서 치열한 싸움에서 이길 전략을 구상하는 것이다. 최고사령관이 싸움터로 진격함에 앞서 군량을 먼저 걱정한다면 이길 싸움도 지지 않겠는가?

# 9
# 시스템을 만들어라

창업 첫해, 필자는 잠자는 시간만 빼고 일에 매진했다. 1년여가 흘러 정기적인 매출을 확보할 수 있는 고객이 생기고, 체계화된 조직구성을 갖추게 된 이후에야 살인적인 업무부담에서 벗어날 수 있었다. '사업' 이라는 개념 자체에 대해 혼란을 겪었던 시절이었다. 업무의 최고책임자이자, 실무자로서 동분서주하며 뛰어다니다 보니 앓아 누운 적도 있었다. 그 때마다 업무에 차질이 생기고 고객응대에 소홀하게 되면서 '과연, 오너가 유고 시에도 돌아갈 수 있는 회사는 어떻게 만들어지는가' 에 대한 생각에 골몰하게 되었다. 겉으로는 기업을 운영하고 있다고 하지만, 실제로는 문을 닫으면 장사가 안 되는 '구멍가게' 라는 현실에 암울해했던 기억이 난다.

'시스템'의 필요성을 절감하게 된 것은 바로 그 시점이었다. 사업초창기, 매출이 불확실한 상황에서 조직원을 늘리는 것이 부담스러웠지만, 길게는 3년을 내다보고 투자를 결심했다. 신입직으로 채용한 직원들을 1년간의 트레이닝을 거쳐서 '일꾼'으로 탈바꿈시킬 목표를 세웠다. 사람을 한 명 채용할 때마다 업무는 두 배, 세 배가 되었다. 가르치면서 내 일을 처리하려니 당연한 결과였다. 하지만 시간이 지나서 그들은 본인의 몫을 하기 시작했고, 그렇게 해서 지속적으로 6명을 채용하고 나니 어렴풋이 조직의 모습이 갖춰졌다. 직원이 직원을 교육시키고, 직급별로 경험과 실력의 균형이 생길 무렵, 필자 자신과 회사의 케파는 함께 늘어났다.

조직원의 숫자가 늘어나면서 필자의 업무는 자잘한 실무에서 벗어나 전체를 조망하고 총괄하는 역할로 바뀌었다. 수주하는 업무의 수가 늘어나고, 직원들이 새로 충원되는 한편, 경험을 보유한 인원이 회사를 떠나면서 또 다른 위기가 찾아오기도 했다. 개인별로 축적된 지식과 경험을 데이터화하려는 시도를 한 것도 그 때 즈음이었다. 사내 서버를 통해 개인이 진행한 프로젝트의 렛슨런드 (lesson learned: 교훈)를 주요내용으로 한 지식공유시스템을 마련했다. 처음 업무를 접하는 직원도 다른 사람이 수행한 사례를 보고 보다 빨리 업무를 처리할 수 있었다. 그러면서 조직을 잘게 쪼개고 모듈화하여 운용할 수 있게 되었고, 동일한 인원으로 더 많은 프로젝트를 동시에 수주할 수 있게 되었다.

정답은 '시스템'이었다. 흔히 대기업은 시스템으로 움직인다고 한다. 해당 업무를 수행하던 인원이 부재 시에도, 사내에 축적된 매뉴얼로 정상적인 업무가 진행된다. 대기업의 힘은 거기에서 나온다. 지식과 정보의 자산화는 소기업이 대기업과 싸워 이길 수 있는 유일한 방법이다. 기업의 규모에 상관 없이 시스템의 구축은 경쟁력을 높여준다. 규모가 작은 기업일수록 오너에 대한 의존도가 높기에 더더욱 필요하다. 거창한 시스템을 말하는 것이 아니다. 사내의 지식을 한데 모으고, 이를 효율적으로 공유하는 것만으로도 성과는 확연하게 달라짐을 명심하자.

# 10
# 체력을 길러라

창업 초기에 앞뒤 안 보고 달리다가 결국 쓰러지는 사람들이 적지 않다. 필자 역시 창업 3년차를 넘어서면서 '지친다'라는 느낌을 받을 때가 종종 있었다. 힘들게 일군 사업이니만큼, 마치 자식에게처럼 무한한 애정을 쏟다보니 생긴 일이다. 열정을 가지고 일을 사랑하는 것은 막을 수 없다. 하지만 일과의 100퍼센트 모두 일터에만 쏟는 것은 결국 근시안적인 생각임이 머지않아 밝혀지게 될 것이다. 사업을 지속하려면 소위 '맷집'이 필요하다. '맷집'이란 지치지 않고 앞으로 나갈 수 있는 원동력이란 의미에서 '체력'과 같은 말이다. 열성적으로 창업하여 지속적인 기업으로 성장시키고자 하는 예비창업가가 있다면 다음과 같은 몇 가지를 염두에 두어야 할 필요가 있겠다.

첫째, 일터와 직장을 분리해야 한다. 이에 대해서는 철저한 본인만의 원칙을 만들고 실천하려는 의지가 있어야 한다. 이를테면, 회사에 남아 밤샘업무를 하는 것과 작정하고 취침을 하는 것은 엄연히 다른 일이다. 사서함에 차고 넘치는 모든 이메일을 실시간으로 처리하려는 강박관념이 있다면 더 주의하자. 잠을 자지 않고 하루 24시간을 모두 쏟아 부어도 해결되지 않을 것이기 때문이다.

둘째, 적당히 휴가를 가져야 한다. 비워내야 또 담을 수 있는 법이다. 시간이 나서 휴식을 취하는 것보다, 시간을 내서 제대로 된 휴식을 취할 것을 권한다. 휴식은 업무처리를 위한 활력소가 됨을 몸소 체험해 보자. 일하는 중간에 시간을 내려면 당연히 힘들다. 연초 계획을 세울 때 휴양지로 떠나는 비행기를 미리 예약하자. 환불이 불가한 항공편이면 더 좋다.

셋째, 스트레스를 매니징(managing)하는 방법을 찾으라. 역시 본인 스스로가 상황에 맞게 개발하여야 하는 숙제다. 스트레스는 업무효율을 저하시킬 뿐 아니라 조직 전체의 분위기에 악영향을 미친다. 곧, 자신만의 문제로 끝나지 않는다는 것이다. 오너가 스트레스를 조절하지 못하면 조직원들도 스트레스앓이를 하게 된다. 오너는 개인이 아닌 리더이자 책임자라는 것을 명심하자.

넷째, 건강을 지킬 수 있는 활동에 과감히 투자하라. 온전히 자신만을 위해 투자하는 시간을 만들어야 한다. 그러한 곳에 비용을 쓰는 것에 인색하면 안 된다. 나를 위해 투자하는 것은 돈을 쓰는 것이 아니라 결국 돈을 버는 것이기 때문이다.

**?**

# Part 3
## 광고쟁이로부터 배우는
## 스타트업 기본기

# 성공한 광고AE 출신은
## 어떤 사업에서든 대박을 낸다

광고업계 종사자를 의사나 변호사와 같은 선상에서 '전문직'이라고 하지는 않는다. 다만 일반적인 영업직 혹은 사무직과는 성격이 다르기 때문에, 전문적인 업의 영역에 속해 있는 것은 맞다. 광고업은 다양한 직능을 통칭하고 있는데, 광고를 제작한다는 하나의 목적 하에 나뉘어지기 때문에 본질적으로는 크게 다르지 않다. 프로젝트를 설계하고 총괄하는 광고 AE의 지휘 하에 '브랜드 컨설턴트', '소비자 분석가', '조사 전문가', '크리에이터', '연출', '각본', '시나리오 작가', '오디오 감독', '그래픽 디자이너' 등 다양한 직군의 인력들이 오로지 광고만을 위해 힘을 합친다. 그래서 그들은 '스페셜리스트'이기도 하지만, 때로는 '제너럴리스트'이기도 하다.

대기업의 계열사로 속해 있는 초대형 광고대행사든, 서너 명의 직원으로 이루어진 소형 광고대행사든 광고를 담당하는 이들을 광고쟁이라 부른다. 이들을 아우르는 공통점은 '치열한 경쟁'이다. 그들은 경쟁을 즐기고, 어떻게 하면 살아남는지에 관한 한 타의 추종을 불허하는 '선수들'이다. 입사와 더불어 바로 옆 동기와의 경쟁에서부터, 대형 경쟁 프레젠테이션을 따내야 하는 경쟁까지, 그들의 하루는 경쟁에서 시작되어 경쟁으로 끝난다. 물론, 어떤 산업이든 경쟁이 없는 분야는 없을 것이다. 다만, 광고직 종사자들의 '경쟁'은 다른 그 어떤 산업에서보다 현실적이다. 실제로 광고 회사 신입사원에게는 '수습 기간'이라는 것이 존재하지 않는다. 총탄이 쏟아지는 전쟁터에 그대로 노출된 채 선배들과 같이 전장을 누비거나 혹은 지원을 하면서 자연스럽게 경쟁의 원리를 깨닫게 된다. 이러한 치열한 경쟁은 참여자들 상호간의 실력 향상에 긍정적인 영향을 주며, 단기간에 조직과 개인 역량을 동시에 제고하는 긍정적 측면이 있다.

하지만 치열한 경쟁은 성장만 빠르게 하는 것이 아니라 쇠퇴도 빨리 닥치게 하는 역효과를 발생시킨다. 한 때 잘나갔던 광고회사가 업계에서 사라지거나, 어제의 승리자

가 오늘의 패배자가 되면서 대거 인력이동이 일어나는 일
도 허다하다. 광고계 종사자들의 '수명'이 짧다는 것은
이런 특성에서 기인한다고 볼 수도 있겠다.

광고기획자라고 하면 멋진 옷을 입고, 좋은 차를 타고,
광고주 앞에서 '폼 나는' 프레젠테이션을 하며, 많은 돈
을 버는 직종이라고 생각하는 사람들도 있을 것이다. 결
론부터 이야기 하자면, 어느 정도는 사실이다. 모두 그런
것은 아니지만, 소위 광고계에서 내로라 하는 '달인'들은
실제로 그런 생활을 하고 있다. 상대적으로 높은 연봉과
'승리 수당'이라고 불리는 인센티브까지 고려하면, 분명
어떤 직종도 부럽지 않다. 철저하게 능력과 성과 위주이기
때문에, 업무적으로 전성기에 오르는 시기가 타 업종에 비
해 빠른 것도 사실이다. 그러나 그들이 그런 지위를 누리
게 된 이면을 들여다 보아야 할 필요가 있다. 모든 일이 그
렇듯, 실력과 명성 그리고 부는 저절로 얻어지지 않기 때
문이다.

앞서 소개한 바 있는 'AE직'을 수행하다가 독립광고회
사를 창업해 나온 필자는 엄밀히 말해 AE는 아니다. 영업
은 물론, 광고 기획, 제작 총괄, 아트(Art) 분야를 직접 실행
하고 있으니 말이다. 하지만, 나는 '광고 AE'라고 불리는

것을 좋아한다. AE들에 대한 무한 애정을 가지고 있기 때문이다. 최고의 엘리트들이 모인다는 초대형 광고 회사조직에서부터, 중소 규모의 조직까지 다양한 광고계의 구조를 단기간에 체험한 경험에서 우러나온 것이다. 필자는 성공하는 광고 AE들이 어떻게 스스로를 단련시키고, 대외적으로 명성을 얻는 지 보아 왔다. 한 마디로 그들의 성공 요인을 정의하자면, 그들은 소위 '이기는 법'을 알고 실천하는 사람들이라는 것이다. 물론 AE라고 해서 다들 같은 수준에 있는 것은 아니지만 본질은 같다. 광고회사에 AE직으로 입사한 사람은 누구나 그런 것들을 듣고, 또 그렇게 훈련받는다. 그 방법을 알면서도 실제로 실행하느냐, 하지 않느냐의 차이만 있을 뿐이다. 그렇게 제대로 훈련받은 광고 AE 출신들은 광고계를 떠나 무슨 사업을 하더라도 잘 한다는 속설이 있다. 그들이 스스로를 계발하는 방식과 이기는 습관은 단지 광고 업무에만 국한된 것이 아니기 때문이다. 여러분이 광고 업종에 종사하든, 아니든 상관 없다. 지금부터, 성공하는 광고 AE들이 가진 필승 전략을 여러분께 공개하고자 한다.

# 1
## 타고난 '멀티태스커'가 되라

'멀티태스커'란, 주어진 시간 안에 여러 가지 다른 일들을 동시에 해내는 사람을 말한다. 이를테면, 왼손으로 일하고, 오른손으로 애인한테 문자를 보내는 것은 '멀티태스킹'이라고 하지 않는다. 그것은 '딴 짓' 하는 것이다. 즉, 단순히 여러 가지를 하는 데 그치는 게 아니라, 모든 일들을 한결같이 제대로 하는 것이 관건이다. 이런 능력은 비단 광고 AE들에게만 필요한 것은 아니다. '멀티태스킹'은 직장을 다니는 모든 사람들에게 필요한 덕목이다. 어떤 이들은 본인의 스타일이 한 가지에만 집중하는 것이지, 동시에 여러 가지를 벌여 놓고 하는 것이 아니라고 변명을 하기도 한다. 그렇다. 멀티태스킹은 사람의 성격이나 스타일과도 분명 관련이 있다. 하지만, 그런 사람들은 동료들과 똑같이 열심히 일하고도 연말 고과평가에서 차별을 받을 마음의 준비를 한 사람들이라 믿는다. 직장에서의 하루 일과는 멀티태스킹으로 시작하여 멀티태스킹으로 끝난다. 옛날 선배들은 어땠는지 모르겠지만, 이제 멀티태스킹은 스타일이 아니라 필수가 된 세상이다. 오죽하면 모니터나 컴퓨터 같은 IT기기들이 멀티태스킹을 위한 기능을 탑재했다는 점을 주요 차별화 포인트 삼아 광고를 하겠는가? 멀티태스킹은 쉬운 일이 아니다. 하루 아침에 얻어지는 것도 아니다. 이러한 측면에서, 멀티태스킹의 제왕이라고 불리는 사람들은 어떻게 스스로를 훈련시키고 있는지 주목할 필요가 있다.

광고 업무는 순발력과 지구력을 동시에 요구한다. AE들은 많은 전문 직군들을 총괄하는 자리에 있기 때문에 몸이 하나인 것이 개탄스럽다. 전화와 메일, 그리고 각종 회의에 시달리다 보면 담배 한 대 피울 시간도 없다. 그래서 그들에게는 노트북이 주어진다. 노트북을 들고 블루투스를 귀에 달고 정신 없이 뛰어 다니는 것이 AE 사무실의 보통 전경이다. 여러 가지 일들이 동시에 발생하다 보니, 그들은 '중간 보고'에 능하다. 한꺼번에 싸매고 하루 종일 시달리는 것은 어쩔 수 없지만, 그 일의 결과를 보고 싶어 하는 이들에게는 고역이다. 똑똑한 AE들은 보고하는 타이밍을 안다. 절대 상대방이 먼저 재촉하게 만들지 않는다. 보고를 하고, 다시 다른 일에 착수하고, 그렇게 하루를 보내면서 불가능해 보였던 깨알같은 업무 리스트를 모두 해치운다.

아침에 계획했던 일들만 실행해도 된다면 다행이다. 안타깝게도, 대부분의 일들이 예상치 않게 매 시각 발생한다. 그래서 성공한 AE들이 강조하는 최상의 미덕은 바로 '침착성'과 '긍정적 마인드'이다. 저 멀리 해일이 몰아닥친다면 높은 곳을 찾는 것이 우선이다. 무엇을 먼저 가져갈 것인가 짧게 고민한 후 실행에 옮겨야 한다. 우왕좌왕 하다가는 아무 것도 못 한 채 물살에 휩쓸리고 만다. 또한 긍정하는 마음가짐도 필수이다. 쏟아지는 업무와 예상치 못한 사건에 마음 상하고 화를 낼 겨를이 없다. 어차피 해결해야 할 거면 받아들이고 즐겨라. 이것이 그들을 멀티태스킹의 달인이라고 부르는 이유이다.

필자의 경우, 학창 시절부터 멀티태스킹을 잘 하기 위한 방법에 골몰하곤 했다. 고시 공부를 할 때는 수많은 책들을 지치지 않고 주어진 시간 내에 읽어내기 위해, 책상 위에 여덟 권의 책을 펴 놓고, 1에서 5쪽까지 번갈아 가면서

읽곤 했다. 그렇게 하면, 책 하나와 한 시간 넘게 씨름했지만 정신을 차려 보면 같은 쪽 위에서 서성이는 한심한 모습을 피할 수 있었다. 이런 습관이 현재까지 이어져서, 하루에도 수 많은 보고를 받고 정리하고 결론을 내야 하는 상황에서 유용한 방법이 되었다. 한 가지에 몰두하다 보면 다른 것은 반드시 놓치는 만큼, 내겐 정말 필수적인 덕목이 되어 버렸다. 세 대의 모니터를 노트북에 연결한 것은 기본이다. 메일을 보면서, 첨부를 열어서 동시에 비교하고, 다시 동시에 메신저로 피드백을 보내는 식이다. 물론, 단순히 일이 빨라지는 정도라면야 이런 방법을 굳이 소개할 이유가 없다. 이 방식의 가장 좋은 점은, 여러 개를 동시에 보게 되면, 부지불식간에 상호 연결되어 있는 고리를 발견하게 되고, 머릿속에서 종합적인 화학 작용이 일어나면서 더욱 내실 있는 리뷰를 가능하게 해 준다는 것이다. 확연히 달라 보이는 프로젝트라도, 근간이 되는 아이디어는 같기 때문이다.

멀티태스킹을 잘 하기 위해서는 끊임 없는 노력이 필요하다. 그리고, 자신이 업무처리를 하고 있는 방식이 맞는지, 더 나은 방법은 없는지 계속해서 호기심을 가지는 것이 필수이다. 자신이 하고 있는 방식에 만족해 안주하거나, 상사나 동료들은 어떻게 하고 있는 지에 대해 관심을 가지지 않는다면 영원히 발전할 수 없다. 남이 잘 하는 방식을 벤치마킹하고, 본인에게 맞게 접목하여 경쟁력을 높이는 것, 이것이 진정 일하는 '스타일'이다.

# 2
# 발전적인 싸움을 즐겨라

 광고 회사에서는 하루에도 십수 차례씩 회의가 진행된다. 새로운 프로젝트를 소개하는 회의, 아이디어를 서로 점검하는 회의, 외부 협력 업체들과의 회의 등 수많은 회의에 참석하다 보면 어느새 해가 저문다. 개인 업무는 해진 다음부터 시작되는 것이다. 이토록 많은 회의 중에서, 광고 회사의 경쟁력에 가장 큰 영향을 미치는 회의는 '브레인스토밍' 이다. '브레인스토밍' 은 말 그대로 폭풍처럼 아이디어를 내고 서로 토론하면서 결과를 수렴해내는 목적을 가진 회의이다. 그래서 시작과 끝이 정해지지 않는다는 특징도 가진다. 광고 회사의 일원이라면 직급을 떠나 브레인스토밍 회의를 피할 수 없다. 보통 '계급장을 떼고' 회의를 한다고도 하는데, 그만큼 이 회의에서의 결과가 프로젝트의 사활을 결정한다고 볼 수 있겠다.

그렇게 수 차례에 걸친 '끌 파기'(안건을 매우 세부적으로 가다듬으며 결론을 도출해내는 것을 말하는 광고계의 은어)에 의해 빛나는 아이디어가 탄생하게 되는 것이다. 또한 광고 회사 회의에는 속칭 '야지 문화'라는 것이 존재한다. '야지'란 상대방이 하는 말에 대해 반대 의견을 낼 때 일단 무조건 공격부터 하고 본다는, 역시 광고계의 오랜 은어이다. 사실 '야지'는 상대방의 생각에 무턱대고 꼬투리를 잡는 것은 아니다. 고전 삼국지에 나오는 주유와 제갈량의 두뇌싸움처럼, 결국은 서로 간의 공력을 확인하고 더 대승적인 방향으로 합의를 도출하게 하는 원동력이다. 다시 말해 '제로섬 게임' 아니라 '윈윈 게임'인 것이다.

광고 회사의 회의를 들여다보면, 종종 고성이 오가곤 한다. 신입사원 시절, 나는 팀장님을 모시고 제작 회의를 들어갈 때마다 습관처럼 하는 준비가 있었다. 바로 테이블 위에 혹시 집어 던질 소품들이 있는지 살펴 보고 미리 치워 놓는 것이었다. 탁상 시계나 자, 보드마커 등은 단골 손님이었다. 지금에야 느끼는 것인데, 왜 본인의 휴대폰은 집어 던지지 않았나 싶다. 이렇듯 회의를 하다 보면 심지어 주먹이 왔다 갔다 하기도 한다. 그런데 그렇게 멱살을 잡고 으르렁대다가도 회의가 끝나면 근처 막걸리 집에서 만나 술 한 잔 하면서 웃어 넘기는 것이 다반사다. 여자 선배님들도 다를 바 없었다. 차이점이 있다면 주먹과 고성이 아니라 표정과 나직한 말 한 마디로 상대를 제압한다는 것뿐.

긴장이 고조되다 보면 간혹 있어서는 안 되는 상황으로까지 치닫곤 한다. 내 기억에 고참 국장님이 광고주와 전화 통화를 하다가 그 자리에서 전화를 바닥에 던져 박살냈던 모습이 생생하다. 애꿎은 전화는 산산조각나고, 국장님은 단 걸음에 차를 몰아 이단 옆차기로 해당 광고주를 가격했다는 유명한 일화도 있다. 이종격투기에서나 나올 법한 일이지만 절대 지어낸 이야기가 아니다. 그만큼, 그들은 자신들의 확신과 신념에 대해서라면 싸움도 불사할 정도로 열정적이다. 결코 서로 감정적으로 치달아서 일을 망치려는 것이 아니다. 본인들의 생각에 대한 주장이 확고하고 논리도 완벽하기 때문에, 서로 다른 생각을 가진 사람들과의 의견을 조율하는 과정에서 나오는 해프닝이다. 그렇다고 해서 무조건 싸우라는 것은 아니다. 열정이 있다면 때로는 싸움을 통해서라도 본인의 열정과 확신을 드러내는 것이 필요하다는 말을 하고 싶을 뿐이다.

# 3
# 언제나 해결사를 자처하라

문제를 내는 사람보다 문제를 해결하는 사람이 더 유리하다는 말이 있다. 나는 이 말을 '세상에 문제를 내는 사람도 있는데, 그걸 해결 못 한다는 게 말이 되는가' 라고 받아들이고 싶다. 어떤 업종이나 마찬가지겠지만, 특히 광고는 문제 해결능력(솔루션 능력)이 경쟁의 승패를 가른다. 문제가 있으니까 광고주가 업무를 의뢰한 것이고, 광고회사의 AE는 이 문제를 풀어내야만 그 대가(수고료)를 받을 수 있다. 문제를 맞닥뜨린 사람이 가장 먼저 해야 할 것은 무엇일까? 바로 그 문제의 본질을 정의하는 것이다. 문제가 무엇인지 정확히 알아야 그 해결의 실마리를 찾을 수 있고, 과정 내내 끝까지 중심을 잃지 않을 수 있다. 그래서 필자의 경우에는 어떤 제안서이든, 첫 장에 문제점이 무엇인지 정의(Definition)하는 것으로부터 프레젠테이션을 시작한다.

첫 직장에 근무할 때, 신입 사원의 신분으로 사장급 광고주 보고에 들어간 적이 있다. 글로벌 대기업의 사장 미팅이니 임원과 팀장급 선배들도 다리가 후들거리기는 마찬가지였을 것이다. 중간 고참인 차장님이 시안(광고 제작에 앞서 그림으로 광고의 제작방향을 설명하는 자료)을 침착하게 보고했다. 그리고 이어진 기나긴 정적 후, 보고를 받으신 사장님이 말문을 열었다. 왜 이런 결과물이 나왔냐는 듯한 눈빛. 사실 그 정도 위치에 계신 분이라면, 소리소리지르며 화를 내는 것이 아니더라도, 침묵 만으로 이미 엄청난 불만의 표시를 한 것이라 볼 수 있다. 어색한 침묵이 한 동안 계속되었고, 보고를 담당한 차장님의 얼굴은 사색이 됐다. 동석한 우리 측 내부 임원, 본부장님도 결과를 보고 놀란 표정이었다. 앞뒤 정황을 볼 때, 결과물이 제대로 나오지 않은 것은 명백했다. 막내인 나는 숨도 못 쉴 지경이었다. 그 때 본부장님의 입에서 터져 나온 한 마디가 숙연했던 좌중을 폭소의 도가니로 몰아 넣었다.

"허…… 자장면을 시켰는데 짬뽕이 왔구먼? 죄송하게 됐습니다. 다시 배달해 드리겠습니다~."

이 말 한 마디에 주름이 가득했던 사장님의 입가에 환한 미소가 번졌다. 단순히 표현이 웃겨서만은 아니다. 광고회사의 최고 책임자가 실수를 인정하고, 그 상황을 유머러스하게 반전시킨 데 대한 상이었을 것이다.

자장면이 '문제' 라면 짬뽕은 '잘못된 해결책(솔루션)' 이다. 바로 문제의 본질에 대한 파악이 잘못되었기 때문이다. 해결책을 내야 하는데 문제를 잘못 해석하면 어떤 결과를 초래하는지 잘 보여주는 사례라 할 수 있다. 광고회사의 AE들은 저마다 해결사를 자처한다. 하지만 개중에는 함량 미달의 해결사들도 있다. 정확한 절차와 분석을 통하지 않은 어줍잖은 해결은 해결이 아니라 시간 낭비일 뿐이다. 그럼에도 불구하고 그들을 높게 사는 이유는 어떻게든 해결하려 하는 투철한 의지 때문이다. 문제를 기피하고, 해결책을 찾는데 발만 동동 구르는 대신, 불도저처럼 밀고 나가는 능력. 사실 이 사회에서 많은 돈을 벌고 성공했다는 이들은 모두 그런 능력을 가지고 있다. 어떻게 해결사가 될 수 있냐고 묻는다면? 영화 '미션 임파서블' 에 나오는 '톰 크루즈' 는 잊어라. 현실 세계에서 운은 작용하지 않으니까 말이다. 해결사는 타고나는 것이 아니라 부단한 노력과 시행착오에서 만들어진다는 것을 명심하자.

# 4
# 어디서나 메모에 강해져라


메모의 중요성은 모든 유명 자기계발서 작가들이 한결같이 강조하는 이야기이다. 메모는 놓치기 쉬운 기억들을 정리하여 중요한 순간에 활용할 수 있게 해주는 강력한 무기이다. 성격적으로 덤벙거리는 사람들에게는 더 필요한 것이기도 하다. 주변을 보면 메모는 잘 해도 그걸 제대로 활용 못 하는 사람이 꽤 많은 것 같다. 그런 사람들을 가만히 들여다보면, 메모수첩에 깨알같이 뭔가를 적어놓긴 했는데, 주로 그날 처리해야 할 일들과 전화번호, 그리고 약속들뿐인 경우가 많다. 그래도 매년 값비싼 다이어리를 사 놓고 책상에 처박아 두는 것보다는 낫다. 사 놓고 아예 쳐다보지도 않는 사람들도 많으니까.

광고회사의 AE들도 다른 사람들과 마찬가지로 다이어

리나 수첩을 가지고 다닌다. 그들 대부분이 업무사항이나 약속, 전화번호 등을 수첩에 적고 다니는 것은 크게 다를 것이 없다. 하지만 우리가 주목해야 할 것은 그들이 메모하는 장비가 아니라, 메모의 질과 그 활용법이다. 메모 한 장이 '팔리는 상품'이 되기 때문이다.

광고 업무를 한다는 것은, 끊임없이 남들이 생각하지 않는 아이디어를 낸다는 것을 뜻한다. 그런데 아이디어 발상이라는 게 무작정 책상머리에 앉아 있는다고 해서 해결되는 경우는 없다. 그래서 AE들은 일과 중에도 바깥으로 나가 돌아다니는 경우가 많다. 평일 점심 시간을 제외한 업무시간 중에, 잘 차려 입은 사람들이 카페나 공원에 앉아서 허공을 응시하며 '멍 때리고 있는 광경'을 본다면, 십중팔구 광고대행사의 직원들이라고 생각하면 된다. 보통 혼자 있거나 아니면 여럿이서 수다를 떨고 있다. 이들은 새로운 것을 받아들이기 위해 이미 머리 속에 가득 찬 것들을 버리고 있는 중이다. 버려야 새로운 것을 채울 수 있다. 생각을 하거나 대화를 하다 보면 무수히 많은 힌트(Tip)들이 자신도 모르는 사이에 스쳐 지나가곤 한다. 그것들은 얄밉게도, 공기 중에 흩어져 있다가, 사람이 다가가면 멀리 날아가 버리곤 한다. 위대한 아이디어를 생각해내느냐 못 하느냐는 이렇게 도망가기 좋아하는 단초들을 얼마나 적절한 타이밍에 포획하느냐에 달려 있다. 이 때 그들의 손에 잡히는 모든 것은 메모장이 된다. 발을 딛고 서 있는 모랫바닥 위에 휴지조각, 손바닥, 자동차의 김서린 유리, 카페의 냅킨, 쓰다 버린 치킨박스까지. 손이 닿는 곳에 위치한 가장 가까운 사물이 바로 메모장이 된다. 다행히 요즘 세상에는 스마트폰이라는 무기가 있어 예전보다 더 메모하기 쉬워졌다. 만약, 아직도 이 엄청난 문명의 이기를 '셀프카메라'를 찍는 데에만 허비한다면 조금은 반성을 해야 하지 않을까 싶다.

존재하는 모든 사물에는 힌트가 숨어 있고, 'Big 아이디어'는 언제나 소소한 곳에서 나온다. 나의 경우, 얼마 전에 구입한 최신 스마트폰이 나의 메모습관에 '터보엔진'을 달아 주었다. 모 전자회사에서 출시한 '퀵메모'라는 기능 덕분이다. 이 놈을 만난 뒤부터, 메모를 하기 위해 용을 쓰고 다니는 번거로움이 말끔히 사라졌다. 아이디어로 보이는 무언가가 포착되면, 뒷주머니에서 휴대폰을 꺼내 사진을 찍는다. 자동 포커스 조정이 되어 있는 렌즈가 거리를 조정하지 않아도 선명하게 인식한다. 그리고, 윗부분에 앙증맞게 달려 있는 버튼을 누르면, 해당 이미지 위에 손가락으로 바로 메시지를 적을 수 있게 되어 있다. 과거에 메모 제왕으로 날고 기었다는 선배님들이 지금 이 광경을 보면 얼마나 놀랄까? 내 휴대폰에는 각종 이미지와 그림, 그리고 악필로 쓴 메시지가 조합된 수백 개의 노트가 항시 출격 대기중이다. 그 놈들은 언젠가 제대로 주인을 만나서 세상을 놀라게 할 엄청난 아이디어로 자라날 것을 믿어 의심치 않는다. 여러분도 나처럼 문명의 이기를 소유하고 있는가? 만일 그렇지 않다면 빚을 내어서라도 장만하길 바란다. 몇 배의 이익을 가져다 줄 것이 분명하기 때문이다. 물론 잘만 사용한다면 말이다.

# 5
# 다양한 잡지의 애독자가 되라

성공한 사람들은 성공의 원천으로 대부분 독서를 지목한다. 시간과 공간의 한계 속에서 살아가는 우리들에게 책은 간접경험을 넓힐 수 있는 소중한 자료이다. 우리는 어릴 때부터 부모님과 선생님으로부터 '책 좀 읽어라'라는 말을 귀에 못이 박히도록 듣고 살아 왔다. 중고등학교 시절에는, 실제로 완독하지 않더라도 저자명과 제목, 그리고 주제 정도는 알 정도로 열심히 책 '요약본'을 읽어댔다. 여담이지만, 그게 우리 나라의 현실일지도 모르겠다. 실제 1년에 단 한 권의 책도 읽지 않는 사람이라도, 항상 '책을 좀 읽어야 하는데…'라는 마음의 짐을 강박관념처럼 지며 살아간다. 그래서인지 도서 관련 온라인 블로그에서 누군가가 요약해 놓은 서평이라도 읽어야 그 불안감이 해소

되는 것이 현실이다. 그런데 여기서 중요한 건 어떤 책을 어떻게 읽어야 하느냐는 것이다.

필자가 근무했던 첫 직장의 2층에는 도서관이 있었다. 크지는 않지만, 업무 시간 중 잠깐 내려와 아이디어를 얻거나 정보를 찾는데 좋은 곳이었다. 내 기억에 약 1,500권 정도의 책이 있었던 것 같다. 대부분은 내부 직원들의 기증으로 이루어진 것이다. 나름대로 분류도 체계적으로 잘 되어 있어서, 찾고자 하는 카테고리에 쉽게 접근할 수 있게 만들어 놓았다. 그러나 안타깝게도, 도서관에 비치된 책들을 읽는 사람들은 거의 없었다. 대부분 자리를 잡고 앉는 곳은 잡지 간행본들이 잘 정리되어 있는 우측 잡지 코너였다. 직원들은 일반 도서보다 잡지를 보는 경우가 훨씬 많았고, 잡지 다음으로 많이 읽는 것은 다름 아닌 만화였다. 직원들이 일반 도서를 기피해서 그런 것일까? 아니다. 여기엔 그럴만한 이유가 있었다. 1,000권이 넘는 대부분의 책들이 어렸을 적에 접했던 고전, 문학, 소설, 내지는 빛 바랜 경영학 서적들이었기 때문이다. 반면에 잡지코너에 있는 간행물들은 그야말로 방금 나온 따끈따끈한 신간들이었다. 새로운 것들에 대해 알고 싶어 하는 독자들에게 일반 도서는 잡지만큼의 욕구를 충족시켜 주지 못한 것이다.

광고 AE들의 잡지 사랑은 유별나다. 광고업계에 관한 정보뿐 아니라, 다양한 종류의 전문지식들을 얻을 수 있는 보물창고가 바로 잡지다. 화려한 일러스트와 그림, 그리고 생생한 인터뷰는 페이지 안에 머무르는 짧은 시간 동안 유쾌한 두뇌환기를 제공한다. 아이디어에 대한 단서가 발견되면 가볍게 카메라의 셔터를 누르거나 복사하는 것만으로 소기의 목적을 달성하게 해준다. 이렇듯, 잡지는 투입되는 시간 대비 최대의 효율을 주는 매체이다. 두 번째 직장에 있을 때 사장님으로부터 배운 여러 가지 덕목 중 하나도 바로 잡지를 읽는 버릇이었다. 사장님은 여러 잡지를 정기구독했다. 패션, 자동차, 레저, 금융 등 다양한 분야의 잡지를 구독했다. 물론 광고와 관련된 잡지는 말할 것도 없다. 사장님은 휴게실이나 테라스에서 그런 잡지들을 손에 놓지 않았다. 그리고 무언가 유용한 것을 발견했을 때는 우리를 불러서 보여주고, 그것에 대한 생각을 나누곤 했다. 그런 사장님의 습관은 거래업체나 광고주를 사적으로 만나는 자리에서 빛을 발했다. 여성 고객을 만날 때, 사장님은 그 어떤 여성들보다도 더 패션이나 신변잡기에 대해 많이 알고 있었다. 이를 테면, 텔레비전을 보지는 않지만, 유명한 어느 프로그램에 주인공이 했던 대사나, 그가 입고 나온 옷이나 액세서리에 대한 이야기를 꺼냄으로써, 배석한 사람들의 관심을 유도하고 이야기를 풀어나가곤 했다. 자동차에 관심이 많은 고객을 만나게 될 때는, 자동차 전문지에서나 나올 법한 용어를 써 가면서 상대방을 매료시켰다. 실제로 그 차를 타보았는지는 잘 모르겠지만, 적어도 내 눈에는 우리 사장님이 여러 대의 수입차를 보유하고 있는 멋쟁이로 비춰질 수밖에 없었다. 골프면 골프, 여행이면 여행, 사장님의 화려한 언변과 자신감이, 그의 잡지 사랑에서 비롯되었다는 것을 알게 된 순간, 나 역시 잡지에 무한 애정을 갖게 되었다.

사교적으로 사람을 만날 때는 지식보다 상식이 유용한 경우가 있다. 잡지는 이런 필요성을 충실하게 충족시켜 주는 좋은 읽을거리이다. 짧은 시간에 다양한 정보를 소화할 수 있게 해주고, 적재적소에 활용할 수 있게 해주기 때문이다. 어떤 상황에 처하더라도 대응할 수 있는 순발력도 키워준다. 광고 AE로서, 광고주가 관심을 가지고 있는 분야에서 그 사람의 눈높이에 맞는 상식을 보유하고 있는 것은 매우 중요하다. 비록 업무 외적인 것이지만 내가 가진 풍부한 상식들에 감탄하면서, 고객은 은연 중에 무한 신뢰를 보낼 지도 모르기 때문이다. 굳이 잡지에만 한정하고 싶지는 않다. 다양한 최신 정보와 유행이 잘 정리된 인터넷 블로그나 칼럼들도 훌륭한 소스가 된다. 다시 말하지만, 어떤 매체든지 읽는 사람이 얼마나 전략적으로 그 매체를 활용하느냐가 성공의 관건이다.

# 6
# 외모에 기꺼이 투자하라


'이왕이면 다홍치마'라는 말이 있다. 누구나 다 아는 이 말은 내게 항상 중요한 교훈으로 다가온다. 남들에게 호감을 주는 외모가 비즈니스 경쟁력을 높인다라는 말은 이제 너무나 당연한 이야기가 되었다. 신입면접을 위해 성형수술을 하는 사람들이 많아졌다는 말은 씁쓸하지만, 한 편으로는 우리 사회에 그만큼 외모를 통해 자신을 차별화하려는 노력이 많아졌다는 것을 반증한다. 과거엔 술을 잘 먹어야(특히 남자라면) 승진을 잘 한다는 속설도 있었다. 하지만 세상이 바뀌고 있다. 술 먹을 돈으로 외모에 투자하는 사람들이 많아지고 있고, 실제로 그런 사람들이 직장 내에서 좋은 평가를 받을 확률이 커지는 세상이 되었다. 단순히 호감을 주는 외모를 가지는 것에 그치지 말고, 스타일

리시(Stylish)하게 자신만의 개성을 표출할 수 있어야 하는 것이다.

창업 첫 해에 뽑았던 신입사원 하나가 생각난다. 스물 일곱, 갓 대학을 졸업한 그 친구는 고향이 저 남쪽에 있는, 소위 말하는 시골 출신이다. 시골 출신을 비하할 생각은 추호도 없다. 그랬다면 그 친구를 채용하지 않았을 테니까 말이다. 총명해 보이는 눈빛에 잘생긴 이목구비, 그리고 사투리가 섞여 있긴 하지만 남다른 화술을 가진 그를 뽑지 않을 이유가 없었다. 면접장에서 본 그는, 평범해 보이는 쥐색 정장을 입고 까만 구두를 신은 회사원의 전형적인 모습이었다. 나는 회사 식구들에게 특별한 공식 미팅이 없는 날에는 보통 캐주얼을 권장했다. 더우면 슬리퍼와 반바지를 착용해도 되고, 추우면 털 모자를 쓰고 와도 된다. 모든 신경을 오로지 업무능력 키우는 데만 집중하자는 나의 신념이기도 하다. 하지만 시간이 지나면서 유독 그 친구가 눈에 띄었다. 직장 생활을 시작한 청년들이 대부분 그렇듯, 체중이 조금씩 불어나고, 날렵한 사람에게만 어울린다는 쓰리 버튼 정장을 입은 모습이 우스꽝스럽기까지 했다. 그 친구를 불러서 나지막이 조언을 해줬다. 타고난 잘생긴 얼굴에 날렵한 몸매와 스타일만 첨가한다면 네가 가지고 있는 능력보다 두세 배의 기대감을 다른 사람들에게 줄 수 있다라고 말이다. 신고 다니는 양말 하나에도 자신만의 센스를 부여한다면, 아는 사람들은 반드시 알아줄 것이라는 말도 빼놓지 않았다. 역시 그는 내 기대를 저버리지 않았다. 각종 패션잡지를 독파하고, 시장을 돌아다니며 자신만의 스타일을 찾으려는 노력 끝에 그는 진정한 '훈남' 으로 재탄생했다. 그것도 6개월만에 말이다. 그 기간 동안 식이요법을 통해 날씬한 몸매, 아니 엄밀하게 말하면 '옷이 잘 받는 몸매' 를 가꾸어낸 것은 물론이다.

궁금해 할 독자를 위해 잠시 추가 설명을 하자면, '옷이 잘 받는 몸매' 란 결코 생물학적으로 좋은 몸매를 말하는 것만은 아니다. 울퉁불퉁한 근육질 몸매가 아니라, 옷을 입었을 때 맵시가 나도록 적당히 선을 가다듬은 몸매를 말한다. 옷 맵시가 나려면 어깨가 너무 넓거나, 허벅지가 튼실하면 안 된다. 그런 디테일을 그 친구는 몸소 실천해냈고, 그 이후 모든 사람들에게 호감을 주게 되었다. 비싸지는 않지만 잘 매치해 입은 옷과 신발 그리고 액세서리를 보면, 그가 얼마나 자기관리에 충실한 사람인지 느껴진다. 그리고 그 정도로 센스가 있는 사람이라면 분명 일도 잘 할 것이다라는 환상도 심어준다. 한 번도 같이 일을 안 해본 사람일지라도 말이다. 실제로 그의 외모에 대한 자신감이 업무능력 향상과도 관련이 있었음은 두말 할 것이 없다.

외면의 아름다움은 내면의 아름다움을 반영한다. 꼭 값 비싼 명품으로 치장해야 외모가 빛을 발하는 것이 아니다. 광고 AE들의 치밀한 전략은 외모 꾸미기에서도 빛을 발한다. 그들은 자신이 어떻게 해야 능력있게 보이는지 정확히 안다. 그들은 외모에 투자하기 위해 돈을 펑펑 쓰지 않는다. 꼭 필요한 아이템을 찾아 발품을 팔고, 비싼 술을 사 마실 돈으로 머리와 옷 그리고 신발과 가방에 투자한다. 진정 돈을 돈답게 쓰는 것이다. 옷 입는 재주는 선천적으로 가지고 태어나는 것이 아니다. 환경의 영향을 받는 것만도 아니다. 디자인경영이 업계의 화두인데, 개인도 디자인이 필수다. 자신을 가꾸는 데 투자한 비용은, 결국 그 자신의 브랜드를 더 높여주며, 투자 대비 더 큰 효용을 가져다 준다는 것을 명심하자.

# 7
# 말하는 연습을 하라

　말하는 연습을 하라는 대목에서 의아하게 생각하는 독자가 있을지 모르겠다. 갓난 아기도 아닌데 웬 말하는 연습을 한단 말인가? 성공한 광고 AE들은 보통 다변가이자 달변가이다. 그들은 입사하면서부터 소위 '말 잘하는' 사람들을 눈에 밟히도록 본다. 당연하다. 광고주라는 고객을 상대하려면 '화술'의 중요성이 매우 크기 때문이다. 신뢰감을 주는 화법과 말 한 마디가 경쟁 프레젠테이션의 성패를 가르기도 하고, 안 좋은 사건을 무마시키는 역할도 한다. 때때로 '말'을 통해 아주 작은 성과를 큰 성과로 만들어 버리는 사례를 접할 때도 있다. 엄밀하게 말하면, 말하는 연습은 '말 잘 하는' 연습이다. 말을 연습할 정도면 다른 것들은 오죽하겠는가? 텔레비전에 나오는 유명한 아나

운서나 진행자처럼 유수한 언변으로 말하는 광고 AE들은 실제로 그 실력도 출중한 경우가 대부분이다.

광고 회사에서의 삶은 말하고 듣는 것의 연속이다. 보통, 교사가 말을 많이 하는 직업 이라고 하는데, 광고 AE들도 만만치 않다. 일과 중 혼자 앉아서 사색하는 시간은 거의 없다고 보면 된다. 다른 부서 사람들과 만나서, 협력 업체와 만나서, 그리고 광고주와 만나서 하루 종일 이런저런 말을 하다 보면 혓바늘이 돋을 지경이다. 말하는 것은 듣는 것 보다 분명 힘든 일이다. 그렇게 혀를 고생시키면서 얻은 대가는 바로 세련된 화술이다. 그들은 때로는 드라마의 주인공처럼, 때로는 콘서트에 나온 가수처럼, 상황과 장소에 따라서 어울리는 말과 화법을 구사할 줄 아는 사람들이다. 다양한 상황에서 끊임없이 본인들의 화술을 시험하다 보니, 필연적으로 얻어진 산물이라고 하겠다. 그들은 어떻게 하면 그들이 하는 말이 상대방에게 잘 전달될 것인지 안다. 일부러 천천히 낮은 톤으로 준비해온 논리를 설득시키기도 하고, 적당히 긴장과 감정이 섞인 말로 감성에 호소하기도 한다. 경지에 오른 고수는 상황에 따라 목소리까지 변한다. 철저하게 계산된 AE의 말솜씨에 넋이 나가있는 광고주를 볼 때면 그 어떤 영화보다도 더 카타르

시스를 느끼곤 한다. 중요한 것은 그들의 뛰어난 말솜씨가 절대 즉흥적인 것이 아니며, 치밀한 계산과 전략의 산물이라는 것이다.

서른 살 늦은 나이에도 불구하고 광고업종에 대한 호감 때문에 과감히 전직을 한 여자 후배가 있다. 그녀의 첫 인상은 한 마디로 대학의 조교 내지는 동네 꽃가게의 얌전한 처녀 같은 느낌이었다. 그게 어떤 느낌이라고 구체적으로 설명은 못하겠다. 뭔가 말없이 조용한데, 은근과 끈기로 일 처리를 딱 부러지게 해내는 그런 캐릭터라고나 할까? 여하튼 그 후배를 가르치며 시간을 보내는 동안 나에겐 항상 아쉬움이 남았다. 자료를 분석하는 능력이나 아이디어를 내는 능력, 그리고 일하기 위한 체력과 신뢰감을 주는 인상까지, 부족할 게 없는 그녀였지만, 유독 남들 앞에서 말을 잘 하지 못 하는 내성적인 성격이 옥의 티였다. 다른 모든 역량이 뛰어남에도 불구하고 그 한 가지 약점 때문에 후배를 광고주 앞에 당당하게 프레젠테이션 데뷔를 시키지 못하는 내 자신이 부끄러울 정도였다. 뒤에서 일만 시키고, 정작 프레젠테이션은 남에게 주는 상황을 언제까지 반복할 수는 없는 노릇이었다. 그래서 상대적으로 여유 있는 프로젝트를 엄선해 그녀에게 기회를 주기로 했다. 제약

회사의 광고 런칭전략이었는데, 즉흥적이거나 감성적인 '연기' 없이 있는 그대로를 또박또박 열심히 설명하면 되는 일이었다. 그렇게 목표를 설정하고, 남은 시간 동안 그녀를 단련시키는 데 돌입했다. 총 여섯 번의 리허설을 가졌다. 광고회사에서 리허설이란, 프레젠테이션을 하기에 앞서서 제안서를 펼쳐 놓고 어떻게 말을 할 것 인가를 연습하는 자리이다. 단순히 말하는 연습뿐 아니라, 표정과 손짓 그리고 발표 장비의 사용, 공간의 움직임까지 감안한, 한 마디로 공연의 리허설과 같은 개념이다. 리허설 자리가 처음이라 쑥스러웠던지 그녀는 얼굴이 빨개져 거의 한 마디도 못 했다. 그녀가 한 말보다 나나 다른 동료들이 모여서 던진 말들이 수백 배나 많은 상황이었다. 두 번째, 세 번째가 지나가도록 진전은 없었다. 여전히 내성적인 그녀는 부끄러워했고, 심지어 조사 하나까지도 다 적어서 준비한 프레젠테이션용 원고를 보면 눈 앞이 하얘진다고 말하기도 했다. 포기할까 생각했다. 하지만, 이번이 아니면 다시는 기회가 없을 거라는 생각으로 끝까지 몰아붙여 보기로 했다. 프레젠테이션 전날 마지막 리허설을 진행했다. 아뿔싸. 여전히 그녀는 제자리 걸음이었다. 사람들이 도끼눈을 하고 쳐다보고 있으니 긴장감이 더한 모양이다. 살짝 그녀를 방으로 불러서 물어봤다. 할 수 있겠니? 그녀는 나지막이 대답했다. 그동안 옆에서 살펴봐주신 것에 꼭 보답할 테니 걱정하지 말라고. 솔직히 믿음이 가지는 않았다. 사람들 앞이니까 의식이 되어 못 했지만, 실전에 가서는 잘 하겠노라고 대답하는 그녀의 눈빛이 사뭇 강렬하지 않았다면 그 자리에서 선수(프레젠테이션 하는 사람)를 교체했을 것이다. 그런데 반전이 있었다. 다음 날 실전에서 그녀가 스스로를 증명해낸 것이다. 그녀의 나직하면서도 또박또박한 화법은 여섯 명의 남자 광고주들을 집중시키기에 충분했고, 맑은 눈빛도 깊은 신뢰감을 심어주었다. 결과는 대성공이었다.

선천적으로 남들 앞에서 적극적으로 말을 잘 하지 못하는 사람들도 많다. 그런 사람들은 프레젠테이션을 하지 말아야 할까? 아니다. 본인 스스로 그런 점을 알고 있다면 부단한 연습과 훈련으로 극복할 수 있다. 그리고, 본인이 가지고 있는 단점을 장점으로 승화시켜야 한다. 경상도 사투리가 심하다면, 나지막한 목소리로 천천히 이야기해보라. 표준말을 대충 구사하는 사람들보다 훨씬 좋은 인상을 줄수 있다. 가수들이 몇 달간 노래연습을 하듯, 그리고 배우들이 장기간 대본연습을 하듯, 끊임없이 자기자신을 보며

'마인드 컨트롤'을 해야 한다. 자기 자신이 언제 어느 때 가장 멋지고 신뢰감을 주는 모습일지 철저하게 계산해야 한다. 목소리뿐 아니라 몸짓, 표정 하나하나까지도 말이다. 물론, 말을 더듬지 않고 청산유수로 하기 위해, 제안 내용 자체를 완벽하게 이해하고, 본인의 말로 소화시키는 물리적인 노력을 해야 하는 것은 기본이다. 당연한 이야기지만, 암기는 절대 금물이다.

# 8
# 배달의 달인이 되라

  한국인이 배달의 민족이라면, 광고 AE는 배달의 종족이다. 배달을 다른 말로 '납기'라고 하며, 영어로는 delivery라고 한다. 다른 업계에 종사하는 이들에게도 이 단어는 매우 친숙할 것이다. 매일, 매시, 매초 납기의 압박에 시달리는 것이 직장인들의 흔한 모습이다. 광고업계에 종사하는 사람들은 농담 삼아 AE들을 '철가방'이라고도 한다. 이 말은 중국집에서 배달하는 직원들을 낮추어 지칭하는 은어이다. 사실 이 명칭은 팀원들이 고민한 결과를 본인의 통찰 없이 광고주에게 그저 배달만 하는 몰지각한 AE들을 비꼬는 데서 유래했다. 물론 그런 AE들은 극히 소수일 뿐이다. 광고 AE들에게 배달이란 매우 특별한 의미를 가진다. 치밀한 전략, 훌륭한 프레젠테이션 뒤에는 납기라는 큰 산이 버티고 있다. 아무리 앞 단을 잘해 내도 납기에 실패하면 그 프로젝트를 안 하느니만 못하다. 시시각각 소비자들의 취향을 반영하여 적재적소에 보여줘야 하는 광고의 특성상 타이밍이 매우 중요하기 때문이다. 그래서 그들은 '스케줄'을 작성하고 관리하는데 온 힘을 쏟는다. 시작되지도 않은 일을 하루 단위로 예상하고 계획하여 실행계획을 만들어내는 데 달인일 수밖에 없는 것이다.

일을 막 시작한 신입사원에게 납기를 준수하는 것은 큰 스트레스를 주는 일임에 분명하다. 동시에 피할 수 없는 숙명이기도 하다. 신입사원으로 입사해 1년도 안 되었을 때 회사는 필자에게 도전할 수 있는 기회를 주었다. 경력이 일천한 신입사원을 해외에 파견한 것이다. 전례가 없는 일이었다. 열사의 땅인 중동 두바이에 4개월 간 파견을 나가서 선배들이 진행하는 일을 보조하게 되었다. 그런데 그러던 어느 날 단순보조가 아닌, 처음부터 끝까지 내 스스로 책임을 지어야 하는 막중한 사건이 발생하게 되었다.

당시 회사의 핵심 광고주였던 모 전자회사의 총수께서 해당 도시를 방문하게 되면서, 모든 선배들이 그 쪽에 몰려 정신 없는 상황이 발생했다. 총수 일행은 세 팀으로 나뉘어 두바이 시내의 가장 고급 호텔에 투숙할 일정이었다.
그런데, 도착하기 이틀 전에 지령이 떨어졌다. 일행이 투
숙할 호텔 로비에 자사 제품을 전시하는 '쇼 케이스' (제품
을 전시하는 유리로 된 벽걸이용 스탠드)를 만들어 내라는 것
이었다. 이틀이라니. 사실상 불가능한 임무에 가까웠다.
제품을 놓기 위한 거치대, 장식물, 그리고 전자장치도 전
무한 상태에서 무조건 하라고 떨어진 일이었고, 선배들은
행사준비에 바빠서 다짜고짜 나에게 어떻게든 해내라고
지시한 상황이었다. 도망갈 곳이 없었다. 새벽에 전화를
받자마자 해당작업을 진행할 수 있는 업체를 수소문했다.
하지만 돌아온 대답은 싸늘했다. 금형 디자인도 없는 상황
에서 하루 안에 어떻게 쇼케이스를 만들어 내냐는 것이었
다. 예상은 했지만 나는 패닉상태에 빠졌다. 그래도 손 놓
고 있을 수는 없었다. 사무실들을 돌면서 소품이 될 만한
것들을 수집하고 다니기로 했다. 백화점을 돌며 쇼케이스
샘플을 구경하고, 손으로 대강 쓱싹 그린 스케치를 가지
고 다니며 필요한 소품들을 구매했다. 내가 묵고 있는 레
지던스 안에 있는 비누곽까지 동원했다. 그렇게 하루가 지
나고, 다음 날 아침부터 '공사'에 들어갔다. 호텔 관계자
들은 물론 내방 고객들도 구경이 났다. 그도 그럴 것이, 내

가 타겟으로 잡은 것은 호텔 로비에 있는 수족관이었기 때문이다. 벽을 뚫고 새로운 쇼케이스를 설치하는 것은 불가능했기 때문이기도 하고, 총수 일행이 들어왔을 때 가장 먼저 보이는 것이 마침 이 수족관이었다. 물을 비우고 물고기들을 대피시킨 후, 내부를 깨끗이 닦아내고 준비해 온 소품들을 채워 넣었다. 흡사 레고놀이를 하듯 정성스럽게 소품을 조립하고, 해변에서 주워온 조약돌에 물감을 칠하여 멋을 냈다. 그리고 제품을 하나 둘 올려놓기 시작했다. 그런 작업을 밤새 호텔 세 군데를 돌며 마쳤다. 녹초가 되어 집에 쓰러져 있을 무렵, 선배에게서 전화가 걸려왔다.

"어느 업체를 썼길래 이걸 다 했니?"

총수 일행께서 한참을 머물러 보고 가셨다는 말과 함께……


매니저(manager)라는 직책은 그 단어에 내포된 의미와 같이, '시간과 돈의 부족함을 극복하고 어떻게든 해내고 마는' 미덕을 요구받는다. 그래서 매니저의 기본 덕목은 바로 납기 준수이고, 납기를 준수하기 위한 상책은 시간을 쪼개는 것이다. 나의 경우도 시 단위, 분 단위, 초 단위로 쪼개서 시간을 관리했기에 가능한 일이었다. 마치 자연

주의 소설의 한 장면처럼, 머릿속에 해당 시간에 해야 할 일들이 드라마를 찍듯 생생하게 묘사가 되어야 한다. 그래야 작은 부분까지도 놓치지 않고 스케줄대로 진행할 수 있다. 운전의 달인이라고 불리는, 20년 이상 경력의 택시 기사님들이 납기를 맞추는 것을 본 적이 있는가? 필자는 잠실에서 대방동까지 23분! 이렇게 외친 기사님이 실제로 23분 만에 목적지에 도착하는 것을 봤다. 그야말로 경이로운 순간이었다. 만일, 시간을 쪼개는 데까지는 성공했는데, 예상치 못한 일이 생겨서 흐트러졌다면? 방심하지 마시라. 매니저의 월급에는 예상치 못한 것도 예상해서 스케줄을 짜는 능력이 포함되어 있다.

# 9
# 온갖 잡기에 능해져라

해마다 유명 광고회사의 입사경쟁률은 수천 대 일에 육박한다. 그렇다고 해서 광고회사의 신입사원들은 남다른 끼를 가지고 있을 것이라 생각한다면 편견이다. 그들도 남들과 똑같이 대학 도서관에서 책보고 영어공부 하던 이들이다. 다른 게 있다면, 일부 인원들은 대학시절 관공서나 기업에서 주최하는 공모전 등에 참여한 경력이 있다는 것이다. 광고 회사의 AE들이 스스로에 대해 '끼'가 부족하다고 자책하게 되는 계기는 대부분 비슷하다. 신입사원 환영회가 벌어지면, 으레 선배들은 신입에게 '이벤트'를 요구한다. 광고 회사의 오랜 전통이다. 선배들은 다양한 개인기를 잔뜩 기대하지만, 돌아오는 것은 신입의 어색한 춤사위나 같지 않은 성대모사 따위이다. 이 때 신입사원은 결심한다. "아, 이바닥에 있으려면 뭐라도 하나 해야 되겠구나." 그러면서 그들은 연구하기 시작한다. 학창 시절에 본인이 잘 했던 것이 있다면 다행이다. 어쨌든 그들은 연습하고 또 연습해서 다음 회식 때에는 기어이 뭔가를 보여주고 만다.

맞다. 광고 AE들은 잡기에 능하다. 그리고 그건 다분히 후천적 습득의 결과다. 잡기에는 앞서 언급한 춤과 노래 등 개인기만 포함되는 것이 아니다. AE들은 본업 외에도 다양한 업무를 수행해야 한다. 군대에서는 소총이 고장나면 수리소에 맡기지 않고, 개인이 알아서 손을 본다. 총알이 안 나가면 모두 본인 책임이다. AE들의 분신이자, 목숨보다 아껴야 하는 노트북은 군인들의 총과 같다. 노트북과 관련된 모든 기기들도 마찬가지이다. 프레젠테이션을할 때, 회의실에 빔 프로젝터가 고장나면 어떻게든 고쳐서진행해야 한다. 그 상황에서 업자를 불러서 수리할 겨를이없다. 빔이 안 나오면 프레젠테이션도 못 하는 것이고, 그렇게 되면 그 날은 빔 속에 소주를 들이켜야 한다. 전자회사 회의실에 들어가면 생전 처음 보는 신제품 모니터 스크린이 있다. 해외 출시용 신제품이기에 매뉴얼도 없다. 미처 해당 기기에 연결될 케이블을 준비하지 못한 AE는 사색이 된다. 사전 정보파악을 못한 책임도 크다. 그렇다고 좌절할 수만은 없다. 수단과 방법을 가리지 말고 케이블을 구하든 제품을 분해하든 연결해야 한다. 이렇게 AE들은 사내에서 '홍 반장'이 된다. 프린터가 고장나면 광고주에게 제시해야 할 문서들을 출력할 수 없다. 큰 회사 같으면 지원부서가 존재하겠지만, 그마저도 기다릴 여력이 없다. 그래서 AE들은 네이버 지식인을 뒤지고 또 뒤져서, 해당 기기에 박식한 전문가가 된다. 새로운 프로그램을 다운로드 받는 것도, 새로운 전자기기가 출시되었을 때에도 AE들은 가장 먼저 도전하고, 곧 마스터가 된다.

우리 회사에도 홍 반장이 있다. 잡기에 능하고, 각종 IT 기기의 달인이자, 회식 자리에서도 모두를 울고 웃기는 그런 친구가 하나 있다. 내가 신입사원일 때, 연배가 지긋한 국장님이 컴퓨터를 쓰시다가 모르는 게 나오면 항상 나를 부르곤 했었는데, 그 상황이 여기서도 연출된다. 필자의 경우 나이를 많이 먹지는 않았지만, 워낙 IT 소프트웨어의 발전 속도가 빠르다 보니 따라가지 못 할 때가 있다. 하지만 뒤쳐지지도 않는다. 홍 반장이 있기 때문에. 사무실에서 일어나는 모든 일들이 그의 작업대상이 된다. 복사기가 고장나도 뚝딱 고쳐내고, 드릴을 써서 벽에 무언가를 걸어 놓고, 사무실 전선을 보기 좋게 묶어서 정리하고, 심지어 여름 한철 고생한 선풍기를 잘 싸매서 창고에 보관하는 것도 그의 몫이다. 아니, 엄밀히 말하면 그가 자원해서 하는 것이다. 그 친구가 없으면 사무실이 마비될 지경이니, 홍 반장의 존재는 모두에게 귀감이 된다. 모든 일에 능숙한 그 친구를 보면 나도 모르게 신뢰감이 쌓인다. 업무를 잘 하고 못 하고를 떠나서 매사에 자기 일인 것처럼 적극적으로 달라붙어 하는 성품은 칭찬받을 만하다. 그 친구에게는 어떤 일을 맡겨도 특유의 '뚝딱뚝딱' 정신으로 무엇이든 해낼 것만 같다. 정말 큰 자산이 아닐 수 없다.

없는 개인기를 만들어낼 수는 없다. 하지만 노력은 모든 것을 가능하게 한다. 개그프로그램을 보면서 성대모사를 연습하든지, 오래 전 그만둔 낡은 기타를 꺼내 줄을 맞춰보든지, 뭐라도 노력을 해보자. 업무만 잘 하는 사람은 매력이 없다. 다소 어설프더라도, 뭔가를 열심히 하려는 의지가 사람을 감동시킨다. 그들의 잡기 습득을 위한 끈질긴 노력은 종종 업무적으로도 필살기를 만들어 낸다. 잡기 자체가 중요한 게 아니라, 그로 인한 부가가치가 창출되는 것이다. 프레젠테이션을 하다 보면 가끔 광고주를 감동시키는 장면이 나온다. 내가 아는 한 국장님은 CM송이라고 하는 음악을 제안하는 자리에서 기꺼이 기타를 메고 나와 엉덩이 춤을 추며 노래를 불렀다. 또 어떤 선배님은 레슬링 선수가 나와서 우유를 광고하는 시안을 설명하기 위해, 보기에도 우스꽝스러운 꽉 끼는 레슬링복을 입고 프레젠테이션에 나섰다. 완벽하건 완벽하지 않건, 그 사람의 용기는 박수받을 만하다. 업무 실력은 그 사람의 용기와 성의에 비례한다고 생각한다. 잡기에 능하고자 하는 의지는 업무의 능력을 상상할 수 없을 만큼 배가시켜 준다. 할 수 없다라는 생각은 버리자. 모르면 매뉴얼을 구해서 공부해 가면서 부딪혀 보자. 개인기든, 작업기술이든 진심은 통하는 법이다.

# 10
## 죄송하다는 말에 인색해져라

'잘못했다' 혹은 '미안하다' 라는 말 한 마디는 정말 복잡한 의미를 내포한다. 이 말을 어떤 어조로 하느냐에 따라 '피해' 를 당한 상대방의 기분이 눈 녹듯 누그러지기도 하고, 또 더 화가 솟구치기도 한다. 잔뜩 화가 나있는데 건성으로 하는 '미안하다' 는 말은 상대방의 화를 더 돋군다. 상대방이 많은 비난을 쏟아냈는데, 그 한 마디로 끝내려는 의도가 보이는 경우에 그렇다. 반대로, 진정으로 '미안하다' 고 하는 말이 상대방에게 통하게 되면, 복잡했던 일들이 거짓말처럼 풀리기도 한다. 때때로 뉴스를 보면 국가의 최고 통수권자가 공식 외교문서에 표기한 '유감이다' 라는 표현으로 시끄러울 때가 있다. 유감인지, 미안하다인지 미묘한 어감의 차이로 분쟁이 더 커지기도 한다.

하물며 존칭과 유사어가 난무하는 우리나라에서는 더 어렵다. 잘못을 시인하는 것은 누구에게나 쉬운 일은 아니다. 하지만 시인하지 않고 어떻게든 무마해 보려는 경우가 많아서 분쟁도 끊이지 않는 법이다.

미국 광고대행사들의 AE는 입사할 때부터 '방어하는 법'을 배운다는 속설이 있다. 물론 사실무근이긴 하지만 그런 이야기들이 광고 업계에는 정설처럼 받아들여진다. 그만큼 그들이 말이나 문서를 통해 잘못을 시인하는 경우는 드물다. 서양의 경우 죄송하다라는 말 한 마디가 경제적인 가치를 줄이는 것으로 인식되고 있기 때문이다. 누가 봐도 명백한 과실임에도 불구하고, 그들은 온갖 자료들을 내세워 자신들을 방어하는 데 능숙하다. 그간 주고 받은 이메일부터 전화통화 기록까지 뒤져가면서 스스로를 방어한다. 그렇기에, 비단 광고대행사가 아니더라도, 외국 업체들과 이야기할 때 순진한 한국사람들은 예상치 않은 피해를 보기 일쑤다. 심지어 한국 사람들은 말 끝마다 'I am sorry'를 습관처럼 갖다 붙이는 경우가 있다. 그런 작은 말 하나가 단서가 되어 나중에 자신이 실제 피해를 당했음에도 불구하고 보상을 받지 못 하는 사례도 종종 생긴다.

잘못을 부인하는 훈련을 받다니? 대한민국에서는 상상

도 할 수 없는 일이다. 동방예의지국의 전통을 이어나가는 우리나라 사람들은 개인적이건 업무적이건 'Excuse Me'를 입에 달고 산다. 물론 일본인보다는 덜하지만 말이다. 이게 무슨 심각한 문제가 되는지 생각해본 적 있는가? 엄밀하게 말해 회사의 업무를 진행하다가 사과를 하는 것은 개인적인 사과라고 볼 수 없다. 그것은 회사에서 벌어진 일이기 때문에, 개인이 사과를 한다면 곧 회사를 대표해 사과를 하는 것이 된다. 사사로운 자존심의 문제가 아니다. 잘못을 저지르지 않기 위해 최선을 다해야 하는 것이 기본이며, 만약 잘못을 저질렀을 때에도 내가 아닌 회사와 동료 전체를 생각해 신중하게 사과해야 한다. 마치자신 혼자 '잘못했다'라는 사과를 함으로써 다른 모든 동료들의 죄를 떠안고 간다는 식의 감정적 대응은 곤란하다. 오히려 조직 전체에 해를 끼치는 악수로 작용할 수도 있기 때문이다. 실제로 그런 말을 자주 하는 사람치고 진짜로 책임을 지는 사람도 별로 없다. 그런 사람에게는 '말'이 곧 '책임회피'가 된다. 책임을 진다는 건, 어떤 불미스러운 사건이 벌어졌을 때, 상대방이 납득할 수 있는 눈에보이는 조치를 취하는 것이다. 이런 면에서 나를 낮추어야모든 것이 순조롭다는 동양 사상의 논리는, 어떤 경우에는 현대 사회를 살아가는 직장인들에게 잘 맞지 않을 수도 있다. 죄송하다라는 말을 남발한다고 해서 스스로를 예의 바른 사람이라 착각하지 말자. 그런 말을 자주 하는 것은 미덕이 아니다. 정말 죄송할 일을 하지 않았다면 말이다.

# 덮으며

　모든 인간은 때가 되면 부모로부터 독립하여 생계를 스스로 해결해야 하는 시기에 부딪힌다. 인생에 있어서 '독립'은 평범한 진리다. 그런데 의외로 많은 월급쟁이들이 일에 있어서 만큼은 '독립'의 필요성을 절실하게 느끼지 않는 것 같다. 월급쟁이들에게 정년퇴직, 사오정 같은 단어들이 불안하게 들리는 이유는 무엇일까? 그 시기가 도래하는 것은 불을 보듯 확실한데, 막상 무엇을 어떻게 준비해야 할 지에 대한 계획은 막연하기 때문이다.

　월급쟁이에게 창업은 선택이 아니라 필수다. 자기가 떠나고 싶지 않아도 언젠가는 회사에서 나가라고 등을 떠밀기 때문이다. 나만은 치열한 경쟁을 뚫고 살아남아 조직의 정점에 우뚝 설 거라고? 그래 봤자 정년이 되면 나와서 제

2막을 시작해야 하는 것은 마찬가지다. 시점의 차이만 있을 뿐, 결국은 창업 즉 독립이 우리 월급쟁이들의 운명이다. 그러므로 '남의 일'을 해주고 있는 월급쟁이들은 언젠가는 독립해야 한다는 생각을 가져야 한다.

그러려면 직장이 단순히 '먹고 살기 위해 다니는' 곳이어서는 안 된다. '남의 일'을 해주는 동안 그 시간을 '본인의 홀로서기를 위한 실력을 키우는' 계기로 만드는데 온 힘을 쏟아야 한다. 그래서 필자는 젊은 독자에게는 '일단 현 직무에 충실할 것'을, 그리고 연륜이 있는 독자에게는 '자신의 분야에서 아이템을 찾을 것'을 권한다. 내 일을 하려면, 우선 '남의 일'을 내 일처럼 해보는 것이 필수다. 그렇게 하면 보이지 않던 기회들이 보이기 시작하고, 그 기회가 손 안에 들어왔을 때 잡을 수 있는 용기와 판단력이 생긴다.

많은 '월급쟁이'들이 우수한 두뇌와 실력을 갖추고도 창업을 먼 나라 이야기라는 식으로 생각하는 경우를 많이 보았다. 대부분의 사람들은 창업을 그저 꿈꾸기만 할 뿐 전략적으로 준비하지 않는 듯하다. 창업아이템은 때가 되면 거저 얻어지는 것이 아니다. 내가 하고 있는 일에 대해 전문가가 되고, 오너를 능가하는 실력과 직관이 생기게 되기까지는 오랜 시일이 걸릴지도 모른다. 그래서 하루라도 빨리 창업에 대한 의식을 확고히 할 필요가 있다. 필자는 일천한 경험이지만 창업을 하려는 목적과 실행계획 두 가지를 항상 머릿속에 넣고 집중하였던 까닭에, 비교적 젊은 나이에 창업에 성공할 수 있었다. 이 책을 읽는 독자들은 분명 필자와는 비교가 안될 정도로 전문적인 지식과 기술, 그리고 경험을 가지고 있을 거라 믿는다. 필자의 이야기가 머지 않은 시일 내에 독자들이 '내 일'을 시작하기 위한 작은 자극이 되기를 희망해 본다.

끝으로, 이 글을 쓰게 된 동기를 부여하고 무한한 감명을 준 ㈜크레마의 모든 식구들에게 이 자리를 빌어 진심어린 감사의 말씀을 전한다. 그들이 없었다면 이 험난한 과정을 견디며 이 시간까지 오지 못했다는 것은 자명하다. 내세울 것도 없는 필자의 소소한 이야기에 관심을 가져 주시고, 이 책을 세상에 내놓을 수 있는 용기를 불어넣어 준 ㈜아이웰콘텐츠 김성민 대표께도 감사의 말씀을 전한다. 마지막으로, ㈜크레마의 전신인 ㈜더쓰리몽키즈를 함께 설립하고, 지난해 안타깝게도 지병으로 세상을 떠난 고 ㈜ 안재우 님에게 이 책을 바친다.